智人时代

An Era of Intelligence
The Expectation-Led Market Principle

预期支配的市场原理

第三版

赵儒煜◎著

经济管理出版社
ECONOMY & MANAGEMENT PUBLISHING HOUSE

图书在版编目（CIP）数据

智人时代——预期支配的市场原理/赵儒煜著 . —3 版 . —北京：经济管理出版社，2019.3
ISBN 978 - 7 - 5096 - 6384 - 4

Ⅰ.①智… Ⅱ.①赵… Ⅲ.①经济学—研究 Ⅳ.①F0

中国版本图书馆 CIP 数据核字（2019）第 024258 号

组稿编辑：申桂萍
责任编辑：杜羽茜
责任印制：黄章平
责任校对：董杉珊

出版发行：经济管理出版社
　　　　　（北京市海淀区北蜂窝 8 号中雅大厦 A 座 11 层　100038）
网　　址：www.E - mp.com.cn
电　　话：（010）51915602
印　　刷：三河市延风印装有限公司
经　　销：新华书店
开　　本：720mm×1000mm/16
印　　张：11.5
字　　数：138 千字
版　　次：2019 年 3 月第 1 版　2019 年 3 月第 1 次印刷
书　　号：ISBN 978 - 7 - 5096 - 6384 - 4
定　　价：49.00 元

· 版权所有　翻印必究 ·

凡购本社图书，如有印装错误，由本社读者服务部负责调换。
联系地址：北京阜外月坛北小街 2 号
电话：（010）68022974　邮编：100836

第三版序

对真理的探求是人类永恒的使命，人类既不能抵达终极，也不能放弃求索。辩证唯物主义哲学告诉我们，实践活动是探索、发现、总结、检验真理的必经之途。经济学作为社会科学的一个分支，不是神学，它与其他科学一样，不可能存在永远正确的真理或者规律总结。长期的经济活动实践也在不断地证明，已有的那些号称规律或者原理的理论总结确实存在着这样那样的问题，有的是逻辑上漏洞百出而前后矛盾，有的是虽能自圆其说但前提虚假，而无论哪一种情形都已在经济活动中逐渐暴露出其历史的局限性。以亚当·斯密为理论源头的传统市场原理学说，正是这类理论的代表。更值得关注的是，传统的市场理论是传统经济学理论大厦的基石，它的理论弊病的显现也自然宣告了传统经济学理论体系的危机。

当前，探讨传统主流经济学弊病并尝试弥补和改变经济学理论体系的相关研究正在兴起，以行为经济学为代表的研究者正在理论前提批判的战线上取得累累硕果。在这一历史的潮流中，《智人时代——预期支配的市场原理》投身其中，以全面的前提批判、传统理论批判为基础，提出了全新的市场原理，成为这一巨澜中的一道激流。

迄今为止，《智人时代——预期支配的市场原理》已经出版了两版，从最初的传统市场理论前提批判、基本理论框架提出和应用论证，逐步深化到对亚当·斯密市场原理逻辑漏洞的解析、对其"一般商品"的非普遍性的分析，并提出了多商品动态模型、市场失衡问题等对新市场原理进一步细化的理论内容。

在您面前的第三版，在上述研究的基础上又做了进一步的调整，主要内容如下：

第一，在批判亚当·斯密传统市场原理的已有基础上，进一步提出了完全竞争市场前提下市场运行应有的机制。即，在完全竞争市场前提下，市场上的需求是无须调整的，而供给则是可以根据需求的要求扩大或减少的。在借助价格为信息媒介的情形下，供给调整到与需求一致，实现价格与商品自然价值相等，是即时的、一次性的过程，不存在多次波动。在借助社会网络为信息传递媒介的情形下，供给在商品进入市场前即已在数量上调整到与需求一致的水平，市场是自然均衡状态，连价格机制下的一次性波动都不存在。

第二，对新的市场原理在双羽模型中的时滞问题，进行了详细的解释。即：其一，在单商品动态模型——双羽模型中，市场上需求方关于商品的功能及价格的预期被供给方关注并形成获利预期的过程，存在时滞；其二，在需求方预期与供给方预期的恰好一致的交叉点后，供给会因市场上商品实现的快速扩张而产生更高的预期，而这个更高的供给预期与准确反映需求预期所应有的供给预期之间也存在着时滞；其三，第二阶段供给预期对需求预期的认知时滞，直接导致了在需求预期出现拐点、市场发生转变时供给预期继续上升，造成了显在的供给预期时滞；其四，经过拐点后供给预期对需求预期的时滞，使得两条曲线在此后一直存在着时滞的影响。

感谢学术界对《智人时代——预期支配的市场原理》的支持，由于大家的鼓励与建议，我才逐步收获了对于研究的信心和勇气，逐步推进了理论的深化和完善。同时，感谢经济管理出版社对这样一个颠覆性创新研究的支持，据我所知，出版这种研究专著是需要相当大的理论勇气的。感谢出版社编辑们大量认真而细致的工作，弥补了我忙中出错的诸多文字漏洞和旧有的疏漏。

如切如磋，如琢如磨。所有科学探索都在于透过现象看本质。市场原理正在逐步地显现，但可以肯定的是，我们无法等待其自我呈现。谨以此书，就教于经济学大方之家，并期待能够得到更多的真知灼见来进一步丰富、完善新的理论，深化我们对经济学基本原理的理解和总结。日月虽远，不行不至。跬步积之，我其勉之。

谨以为序。

赵儒煜

2019年1月于长春

再版序

时代如川,不释其流。在时代的大潮前,任何理论的总结都会因其历史局限性而被新的理论取代,经济学也不能例外。诞生于18世纪中后期的古典经济学,虽然其基本框架经过历代经济学家的修修补补,但也正在因越来越多的证伪被质疑。历史上,包括主流经济学家在内的各个流派的经济学家对此不乏批判和修改,但有的成为经济理论的一个分支,有的则不动声色地融入这一框架之中,未能动摇其基本逻辑和主流地位。近年来,行为经济学家的成就正在向这一理论体系发起挑战。

在这反思的大潮中,我们在2017年推出《智人时代——预期支配的市场原理》一书,剖析了传统市场理论的弊病,并提出了全新的市场理论。通过出版后的学术交流,出乎预料地得到了国内外学者的鼓励和支持,同时也受到了他们真知灼见的启迪。为进一步证伪传统的市场原理,完善新的市场原理,笔者在第一版的基础上进行了深化和调整。《智人时代——预期支配的市场原理》(第二版)主要做了如下补充:

第一,增加了对亚当·斯密市场原理逻辑漏洞的分析,发现了其"一般商品"并不具备代表性,而只是以少数农产品为代表的"阻尼商品";"一般商品"的价格波动机制在理论逻辑上存在完全竞争市场前提与商品价格波动现实之间的矛盾，存在着完全竞争市场前提和不完全市场前提的多次混淆等逻辑漏洞。

第二，增加对双羽模型的多商品动态模型分析，将理论分析的切入点从一个商品的需求预期如何决定供给预期、决定市场资源配置的简单过程，扩展到一类商品中的一组可选择、可替代的异质性商品如何由需求预期推动供给走向现实的市场竞争机制的复杂过程。

第三，更加明晰地描述了市场机制的最佳状态不过是供给向需求的无限接近而无法改变市场必然失衡的本质。因此，政府的市场管理已是市场运行的必然要求。政府的市场管理职能为充分发挥市场作用而应着力于市场信息对称化、群体需求的可持续发展、国家经济安全的基本供给保障等领域。

市场故我，经济延续，而人类对市场机制、经济运行的原理的探究则是无止境的。此次再版，只是对第一版提出的新市场原理的补充和完善。在不完全市场条件下，消费者、厂商行为将与完全竞争市场条件下的行为逻辑有何差异，而以此为基础的产业经济发展、宏观经济运行将遵循什么机制，无数的未知还在等待我们探索。谨以此书，作为我们探索真知的一个阶段性报告，深切期待此书能够引起大家对这些理论问题的关注，期待人类对经济活动的认知能更上一层楼。

是为序。

赵儒煜

2018 年 7 月 10 日

序

市场原理是经济学的基础,是一切经济分析的出发点。然而,市场原理不仅因其同时以一般市场理论和吉芬商品理论来解释市场现象的"双理论内核"特征而存在着哲学上的不彻底性,而且因其无力解释上述范围之外的其他市场现象而存在着理论覆盖面上的局限性。加之,经济活动的现实从未实现市场原理所谓的经济均衡,反而市场失灵的案例比比皆是。可以说,经济活动的实践已经证伪了市场原理。

随着人类经济活动的深化,不乏经济学家对市场原理的反思和新探索。从马歇尔、罗宾逊夫人,到现在的行为经济学家,都从不同的角度进行了新的探讨。当然,在这一过程中,主流经济学没有放弃对市场原理的修补,他们借助消费者偏好、效用及边际效用、选择、替代效应、收入效应等概念形成了关于市场行为的、更有说服力的理论范式,在更广泛的领域里解释了供给的价格波动带来的需求变化机制。关于垄断竞争的讨论则流为经济学体系一支,并没有对市场原理形成真正的挑战。相比之下,从心理学角度对人的经济活动进行的探讨开始得到关注。2017年的经济学诺贝尔奖得主理查德·塞勒,就是探讨人的心理对其经济决策影响的一位学者,其研究涉及了有限理性、社会偏好和自我控制等内容。从总体上看,行为经济学家们的研究大多集中于案例研究的经验性总结,还没有系统地上升为一个基本的理论范式。其中，阿克洛夫和席勒于2009年合著的《动物精神》提出，动物精神决定着经济决策，经济运行的真正原理在于信心、对公平的追求、腐败和欺诈、货币幻觉、故事这五个方面。事实上，市场活动中的人的有限理性并非动物的本能，上述五个方面体现的"动物精神"实际上也是人的有限理性的体现，而且不是根本性的决定因素——这也是本书命名为"智人时代"的主要原因。

通过长期经济发展史的研究和经济现象分析，借助辩证唯物主义武器，不难发现市场原理在理论前提上存在着虚假性、价格在市场运行中存在着广泛的"失灵"现象、以价格机制为原理进行调控的市场经济存在着严重的悖行、现实中的市场从未"出清"而只能失衡等传统的市场原理所无法解释的问题。为此，笔者经过20余年的思考和探索，提出了新的市场原理：

在现实的不完全竞争市场前提下，市场交易行为的最终决定者不是供给，而是需求。真正决定市场行为的"看不见的手"是心理预期。需求方的心理预期是在市场行为发生的时间上率先、在作用上具有决定意义的要素；而供给方的心理预期则是在发生时间上滞后、在作用上居于从动地位的要素。心理预期对市场的基本作用机制就是需求方的心理预期提高，则需求量扩大，供给方心理预期随之提高，供给随之扩大；反之，需求方的心理预期下降，则需求量减少，供给方心理预期随之下降，供给随之减少。正是由于不完全竞争市场的客观存在，市场失衡是不可避免的，市场的管理也有其客观存在的必然性。供给侧管理则是市场管理的高级阶段。

本书是我和我的团队在描述、论证新市场原理的基础上，结合新市场原理对当前的供给侧改革、大数据、精准扶贫、房地产经济等热点问题进行的理论分析尝试。各章作者分别是：第一章、第二章、第三章为赵儒煜，第四章为赵儒煜、王媛玉，第五章为赵儒煜、刘派，

第六章为赵杨、赵儒煜，第七章为赵儒煜。我们在这里初次尝试以新的市场经济理论框架来进行相关分析，力求使理论分析更加结合实际，更符合市场自身原理，更合理地反映其内在机制。

新的市场原理，并不是否定市场的存在。相反，是要进一步揭示市场存在和运行的更深的机理。用心理预期替代价格，来承担"看不见的手"的角色，是对市场原理的更深层解析的结果。就像解释太阳东升西落的时候，地心说无疑是陈旧而短视的，而日心说、宇宙说才更接近事实。当然，经济活动中仍然存在传统市场理论中"价格上升则需求下降而供给扩大、价格下降则需求上升而供给下降"的现象，但这只是表象，并不代表价格是"看不见的手"，应该看到这仍然是特定条件下心理预期作用的结果。

总之，"新生之物，其形必丑"。关于市场原理的探索还有很远的路要走。我们欢迎经济学者们参与进来，共同探讨市场原理的真实面目，共同尝试运用新的市场原理进行经济分析，欢迎提出更多、更好的真知灼见来共同推进我们向经济活动内在机制真相的一步步接近。斯为肇端，尚待来者。

是为序。

赵儒煜
2017 年 10 月

目 录

第一章 市场原理：探索与争论 ……………………………… 1

 一、价格的背叛 …………………………………………… 1

 二、矛盾重重的理论前提 ………………………………… 3

 三、传统的理论逻辑 ……………………………………… 6

 四、打补丁的现代观点 …………………………………… 8

 五、动物与赌徒引发的反思 ……………………………… 10

第二章 反思斯密：时代的局限 ……………………………… 14

 一、亚当·斯密的市场原理 ……………………………… 14

 二、价格机制的逻辑漏洞 ………………………………… 16

 三、市场原理在哲学上的不彻底性 ……………………… 20

 四、完全竞争市场条件下的市场原理 …………………… 23

第三章 心理预期：市场的支配者 …………………………… 29

 一、智人时代：前提的重设 ……………………………… 29

 二、追本溯源：市场的成立 ……………………………… 35

 三、看不见的手：心理预期 ……………………………… 39

四、双羽模型：市场的运行 ································ 44

五、资源配置：预期的力量 ································ 55

六、承认现实：市场的失衡 ································ 58

七、必然选择：市场的管理 ································ 61

八、大道至简：预期支配 ·································· 69

第四章 尊重市场的供给侧结构性改革 ···················· 71

一、回归需求主导 ······································ 71

二、尊重市场规律的管理 ································ 75

三、未来发展的方向 ···································· 80

第五章 大数据下的精准供给管理 ························ 84

一、大数据时代到来 ···································· 84

二、大数据与传统经济体制变革 ·························· 86

三、大数据在精准供给管理中的重要作用 ·················· 90

四、未来的挑战 ·· 95

第六章 市场理念与精准扶贫 ···························· 96

一、扶贫与精准扶贫 ···································· 97

二、精准扶贫与市场思维 ································ 104

三、市场扶贫的精准化 ·································· 107

第七章 心理预期的房地产市场 ·························· 112

一、不完全市场前提下的房地产市场 ······················ 113

二、几个典型化事实 ···································· 120

三、房地产市场调控政策转变之路 ························ 140

四、当前房地产市场调控政策建议 ················· 147

第八章　题外的话：为什么是中国 ················· 151

一、制度的优势 ································· 152

二、与众不同的中国 ····························· 156

参考文献 ··· 163

第一章 市场原理：探索与争论

科学的进步在于证伪。经济学理论自诞生以来，学说日多，学派林立，各执一词而不能互证。其中，经济学奠基之学——市场原理，更是充满矛盾，也不乏争议。经济学的理论范式一般包括理论前提、基本原理、结论这三个方面。市场理论也不能外之。在此，本章将对迄今为止的上述领域逐一加以梳理。

一、价格的背叛

市场理论一直是经济学体系的基础和理论前提。其理论内核包括两个组成部分：其一是以完全竞争市场为前提的一般市场原理，其二是以吉芬商品为对象的不完全市场的解释。随着经济实践活动的深化，这一"双核模式"的市场理论已难以解释现实中的新市场现象，并逐渐暴露出其在哲学上的不彻底性。

第一，市场理论认为，在完全竞争市场条件下一般商品的市场行为是价格上升则供给增加、需求减少；价格下降则需求增加、供给减少。而艺术品、邮票等供给有限的吉芬商品则存在价格上升带来需求扩大、价格下降导致需求减少的现象。但是，随着经济活动的深化，出现了大量这一理论不能解释的"价格失灵"现象。首先，大量商品开始具有"吉芬商品"的特征，出现了"泛吉芬商品化"的现象。供给受限制不大的股票、住房、土地，食盐、洗衣粉、卫生纸等甚至几乎没有供给限制的生活用品，都出现了价格上升则需求扩大的现象。其次，在经济危机等情况下，出现了众多价格下降而需求不增反降的现象。最后，在一些供给不足的经济里，出现了价格下降需求扩大、价格上升需求也扩大的价格失灵现象。因此，市场理论在面对上述现实市场行为时显现了理论的苍白和无奈。

第二，市场理论认为，价格作为市场的指向标，能够有效地调节市场供给和需求，并最终实现资源均衡配置，达到帕累托（Pareto）最优状态。但事实上，价格的背叛，使得市场遵循价格来实现的资源配置失败。人类经济活动一直没有实现过帕累托最优状态，没有市场出清，却频繁地出现供给相对过剩的经济危机，存在盲目竞争导致的资源过度浪费。市场理论在指导现实经济活动中存在着频繁的低效率甚是无效率的"失灵"情况，这不仅说明了市场理论在解释现实上的无能，而且说明了市场理论在指导现实上的无能。

第三，上述理论与实践的缺欠，从哲学上反映出市场理论的不彻底性。一方面，事物虽然错综复杂，但同类事物总是存在一个基本原理可以解释其共性。而当一个事物需要有两个原理加以解释的时候，或者一个原理和它的个案反论并存的时候，那么可以说，这两个理论都没有把握到该事物的基本特征，都只是如盲人摸象般地解释了这一事物的一个角度、一个侧面而已。迄今为止的市场原理正是如此。另一方面，辩证唯物主义哲学原理告诉我们，世界上没有绝对真理，只有解释人类可认知现实的相对真理。而当一个理论出现了其原理不能解释的现象时，则说明这一原理已经失去了相对真理的属性，变成了谬误，需要通过理论更新，以新的相对真理对其加以替代。换言之，现有的市场理论已经不能全面解释当前经济活动所呈现出的种种现象，这说明这一理论所探讨的是部分市场现象的表面特征，而事实上一定存在一个更深层地揭示市场运行规律，同时解释上述现象的更科学的原理。探寻并总结这个新的、更科学的市场原理就是本书的目的。

第四，市场原理的荒谬使得人们忽视了需求心理预期的走向，以此为依据的市场管理活动往往适得其反，结果越管越糟。例如房地产市场的管理问题，一方面城市居民大量购房，抬升房价；另一方面，政府为抑制市场需求，依据价格放任甚至鼓励房价上涨，寄希望于价格抬升到足够的高度来抑制需求。但由于人们预期房价长期上升且有刚性，无论居住还是投资，所有购买都是有利可图的。所以，这种以提高价格压制需求的策略反而继续抬高了房价，出现了巨大的泡沫，甚至危及国家经济安全。

综上所述，传统市场理论依赖的价格机制，由于价格的背叛，导致了资源配置的失败，生产过剩的经济危机频频发生，资源浪费现象严重。这些现象从现实的角度充分证明了以价格为"看不见的手"的荒谬。

二、矛盾重重的理论前提

如前所述，市场理论包含针对一般商品和吉芬商品的两个部分，二者的理论前提不同，这是一个普遍原理非常尴尬的情形。分开两个部分的原理，明显具有哲学意义上的不彻底性。这本身暗示着，一定存在着一个能够在一个前提下同时解释两种现象的逻辑解释，但是可敬的经济学前贤们没有想到去改变它,只是怀疑,但最终还是用尊敬选择了绕道而行。

在此,吉芬商品作为市场现象的一种例外,已经被明确认定为供给不足市场条件下产生的现象。① 因此,笔者在这里集中探讨经济学界关于一般市场理论所界定的完全竞争市场前提。

完全竞争市场是非常为人熟知的命题,它包括如下几个方面。第一,关于主体:存在足够大数量的买者和卖者,个人的作用相对于总数可以被忽略,不存在合谋。第二,关于产品:产品是无差别的、同质的。第三,关于壁垒:资源是自由流动的。第四,关于信息:信息充分并完全对称,搜寻成本可以忽略。这一总结来自施蒂格勒(Stigler,1957),而其基础则是古诺(Cournot,1838)和伯特兰(Bertrand,1883)的研究。②

随后,德布勒(Debreu,1959)在瓦尔拉斯一般均衡研究重大进展的基础上,对完全竞争做出了行为学定义,即在给定的一系列消费者、企业和商品的前提下,使效用最大化的消费者可以按照特定的价格买或者卖无限的数量,而消费者的购买不影响其获得的利润;在企业可以买或者卖任意数量商品并不影响价格的情况下,每个企业都选择使其纯收益最大化的投入和产出;最终,均衡是一个价格向量和每

---

① 19世纪,罗伯特·吉芬(Robert Giffen)发现土豆价格上涨时需求反而增加。后将艺术品、集邮的邮票等类似的商品称为吉芬商品。对此,大卫·李嘉图(David Ricardo)指出,商品的交换价值来自两个方面:一是稀缺性,二是为了获得它们所需要耗费的劳动量。完全由稀缺性决定的,是绘画、稀有书籍、钱币等(Ricardo, D. On the Principle of Political Economy and Taxation [M]. In The Works and Correspondence of David Ricardo, Vol. 1. ed. P. Sraffa, Cambridge: Cambridge University Press, 1951: 12)。1895年,马歇尔首次将"吉芬商品"概念纳入经济学教科书。Marshall A.. Principles of Economics [M]. Cambridge: Cambridge University Press, 1895: 78-96.

② Stigler G.. Perfect Competition, Historically Contemplated [J]. Journal of Political Economy, 1957 (65): 1-17; Cournot A.. Recherchs sur les Princips Mathèmatiques de la Thèorie des Richesses [M]. Paris: M. Rivière, 1838; Bertrand J. Thèorie Mathèmatique de la Richesse Cociale [J]. Journal des Savante, 1883 (48): 499-508.

个经济行为者按照这些价格做出的选择，并使市场出清可以实现。①

德布勒的定义被世人认可，并沿用至今。对此的更深研究则是围绕完全竞争是否可以通过不完全竞争行为实现而展开的。事实上，关于不完全竞争理论的探讨早在20世纪30年代就已展开。

学术讨论的不完全竞争主要针对垄断竞争、寡头竞争和完全垄断三种形式。在经济现实中后两者仅存在于少数行业，较为普遍的形式是垄断竞争。张伯伦（Chamberlin，1933）对垄断竞争的基本假设主要包括：第一，市场存在大量生产相近产品的厂商；第二，各厂商生产的产品具有差异性；第三，厂商可自由进入和退出市场。由此，"产品差异性"是垄断竞争的标志和决定性因素。垄断竞争在短期内的均衡为厂商带来超额利润，因此不断有新的厂商涌入，在长期均衡中超额利润消失，厂商仅获取正常利润。与完全竞争相比，垄断竞争的均衡价格更高，产量更少，即形成"垄断的浪费"。② 同时期的琼·罗宾逊夫人（Robinson，1933）进一步将不完全竞争分为卖方垄断和买方垄断，分别从要素市场和产品市场两个角度对垄断以及整个价值理论进行论述。③ 罗宾逊夫人采取了与张伯伦不同的方法路线，使用了边际分析作为工具，后演化为主流经济学分析厂商理论的方法范式。在早期学者研究基础之上，迪克西斯（Dixit，1977）和斯蒂格利茨（Stiglitz，1977）进一步提出收益递增的不完全竞争模型，④ 即标准化且简单易于应用的 D–S 模型，后者逐渐成为新经济学普遍使用的方法工具。

---

① Debreu G.. The Theory of Value [M]. New York: Joun Wiley & Sons, 1959. 转引自：新帕尔格雷夫经济学大辞典 [M]. 北京：经济科学出版社，1996：897.
② Chamberlin E. H.. The Theory of Monopolistic Competition [M]. Cambridge: Harvard University Press, 1956.
③ Robinson. The Economics of Imperfect Competition [M]. Basingstoke: Palgrave MacMillan, 1969.
④ Dixit A. K., Stiglitz J. S.. Monopolistic Competition and Optimum Product Diversity [J]. American Economic Review, 1977 (3): 297–308.

综上所述，完全竞争市场前提是经济学理论研究钟爱的一个假设条件，是基于以一种纯粹状态研究经济活动自身规律的思维方式产生的研究范式。事实上，完全竞争市场经济在现实中从未出现。关于不完全竞争的讨论基本上没有与市场原理的理论前提形成争论，那些讨论都不自觉地改变了完全竞争市场自身的理论前提，独立成为一个理论体系。现代的经济学家们对此做了不动声色的小修订，例如承认消费者存在预算的约束，但这基本上等于在事实上否认了需求的无限性。

三、传统的理论逻辑

市场运行机制在一般商品和吉芬商品之间是完全不同的。吉芬商品的情形是，价格上升而需求随之扩大，价格下降而需求随之减少。这种现象，作为完全竞争市场的一种特例被认同，但也被固化，并没有影响人们对完全竞争市场理论的基本判断。

传统西方经济学探讨的市场运行机制是在完全竞争市场条件下通过竞争实现的。关于这个问题的描述，最早来源于古典经济学的亚当·斯密（Adam Smith，1776）。一般经济学理论则沿用了这一理念，认为市场上的供求关系决定产品的市场价格。

斯密认为，当一种商品的实际需求同市场上该种商品数量之间存在正差额时，可以导致市场价格高于商品的自然价值；反之，则市场价格低于商品的自然价值。① 在完全竞争市场条件下，商品的市场价格围绕自然价值波动，并不断趋向自然价值。这种竞争使得各经济部门得以形成统一的利润率。因为，供小于求时需求者的竞争会抬高价格，提高该种商品的利润率，而生产者则将资本投向该种产品，供求矛盾得以缓解；而供大于求时商品价格下降，也会使生产者的资本转向其他商品。这种竞争机制，导致资源在社会各经济部门自由流动，直至市场价格等于商品自然价值。② 这意味着供求完全相等，市场出清，经济活动实现均衡。

马歇尔（Alfred Marshall，1920）则认为，商品的正常价值与生产成本相关，市场价格主要受效用和需求的影响。③ 这一观点，并不影响斯密关于市场运行机制的论述在经济学中的核心地位。

具体而言，在古典经济学中的市场原理里，一般商品的价格成为"看不见的手"，调节着商品的需求和供给。关于一般商品和吉芬商品的市场原理，参见图1-1、图1-2。

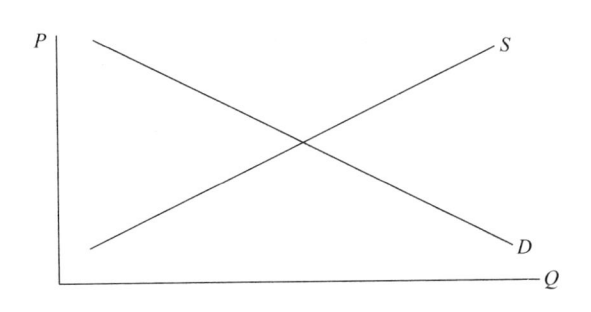

图1-1 古典经济学一般商品的市场原理

---

① 对此，马克思（Marx K.，1894）在《资本论》中进一步指出，所谓商品的自然价值应该是以社会必要劳动时间确定的价值。马克思. 资本论［M］. 北京：人民出版社，1975：51-54.
② Smith A. An Inquiry into the Nature and Causes of the Wealth of Nations［M］. Oxford：Oxford University，1776：73-74.
③ Marshall A.. Principles of Economics［M］. Cambridgeshire：Cambridge University Press，1895.

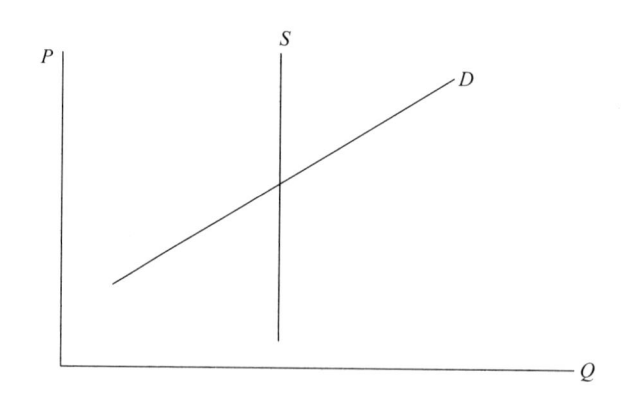

图1-2 古典经济学吉芬商品的市场原理

总之,在传统西方经济学理论体系中,市场机制的运行是通过完全竞争市场条件下供求之间的自由竞争实现的,其核心是供求之间的不均衡提高或降低价格,推进生产者资本的转移,并再影响供求关系和价格。这一过程,外在地表现为价格围绕价值上下波动。

四、打补丁的现代观点

在传统西方经济学理论体系的基础上,现代经济学者借助消费者偏好、效用及边际效用、选择、替代效应、收入效应等概念形成了关于市场行为的、更有说服力的理论范式,在更广泛的领域里解释了供给的价格波动带来的需求变化机制。[1] 参见图1-3、图1-4。

---

[1] 范里安. 微观经济学·现代观点(第八版)[M]. 费方域等, 译. 上海: 格致出版社, 上海三联书店, 上海人民出版社, 2011.

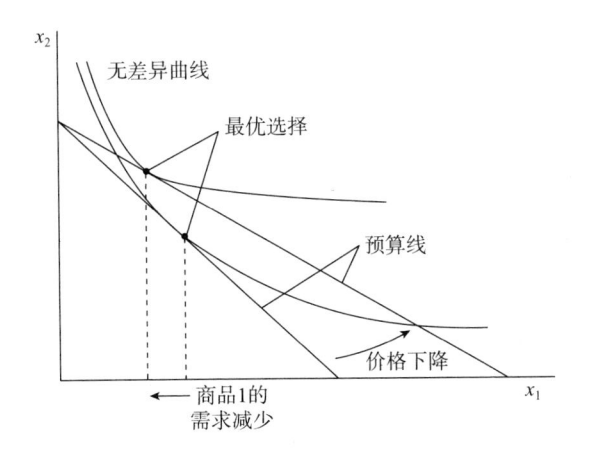

图 1-3　现代观点下的吉芬商品市场机制

资料来源：范里安. 微观经济学·现代观点（第八版）[M]. 费方域等，译. 上海：格致出版社，上海三联书店，上海人民出版社，2011：84.

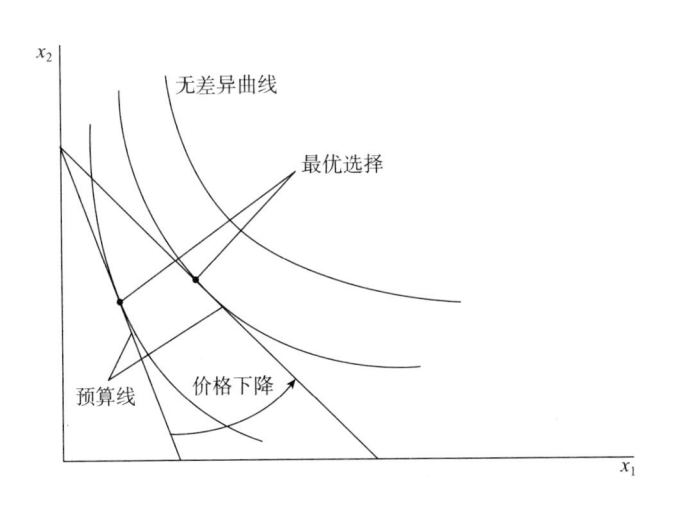

图 1-4　现代观点下的一般商品市场机制

资料来源：范里安. 微观经济学·现代观点（第八版）[M]. 费方域等，译. 上海：格致出版社，上海三联书店，上海人民出版社，2011：84.

首先，消费者是有预算约束的。现代经济学者承认这一点，基本上等于否认了传统理论中有无限的需求的假设。其次，消费者存在因各种差异性而带来的偏好差异。消费者偏好的存在使得消费者在购买决策过程中将优先选择其偏好的商品或者商品束。再考虑到商品效用对于一个人的差异性，消费者的理智会帮助他选择对其效用最大的商品或者商品束。最后，商品价格和消费者收入的变化，可能会使消费者选择其他替代商品。这种替代效应和收入效应将进一步影响消费者的购买行为。

商品价格的上升可以使需求转向消费者偏好范围内的价格低廉的替代品，并保持其整体效用不变；商品价格的下降则是同一过程的逆向翻版，需求的扩大则是通过吸引其他可替代商品的消费转移而实现的。而收入的增加，即支付能力的增加，将会带来正常商品消费的增加，而减少低档商品的消费。

上述关于市场供求的现代观点，虽然巧妙地解释了价格对供求的作用机理，并将消费者偏好纳入分析框架之内以说明消费动机，实现了对传统理论的补充和完善，但这些新的解释只解释了传统市场原理价格机制恰好在供给需求都比较充分时的特定情况，并不考察价格上升而需求上升、价格下降而需求也下降等市场现象背离原理的情况。

五、动物与赌徒引发的反思

随着经济学家们对市场原理局限性认识的加深，一些新的解释开始出现，尝试从人的精神世界来探讨市场决策的过程。不可否认，将心理学分析纳入分析的视野是经济学理论的一大进步，但迄今为止的探讨，并没有带来市场原理的根本性变革，而是止步于想象的零散探讨。

20世纪70年代末,行为经济学派从心理学角度分析经济现象中人的决策行为。Kahneman 和 Tversky(1979)认为,传统经济学中的"经济人"假定是指人具有无限意志力且追求效用最大化,然而在经济实践中,人们往往会为了回避风险而不选择最优解;每个人基于初始状况的不同,对风险会有不同的态度,因而选择也不同,这些选择并不一定都是理性的。[1] Thaler(1980)对传统经济假设中的消费意识提出质疑,认为人们的消费选择普遍具有禀赋效应,即人们倾向于赋予自身已经拥有的事物更多价值(高于其市场价值)。[2] Thaler(1985)进而提出了心理账户的概念,用以形容人们在做出消费选择时更注重满足或失落的心理,而非根据效用最大化的范式做出理性选择。[3] Rabin(1998)认为,经济实践已经证明传统经济模型的缺陷,大量的心理学—经济学相关实验结果表明经济学家们应该重视这一学科融合问题。[4] 如 Hoarth 和 Kunreuther(1985,1989,1990)、Camerer 和 Kunreuther(1989)、Dekel(1989)、Weil(1990)、Sarin 和 Weber(1993)、Machina(1994)等经济学家的研究都包含了心理学领域的思想。Mullainathan 和 Thaler(2000)将人在经济活动中的表现总结为有限理性、有限意志力和有限自利性三个方面,进一步证明了利用传统经济学范式解决现实问题的苍白无力。[5] Laibson(2001)则通过建立基于心理暗示的消费模型,证明了消费者在不同情境下的心理暗示会对消费的边际效用产生显著影响。[6] 由此可见,行为经济学派认为,

---

[1] Kahneman D., Tversky A. Prospect Theory: An Analysis of Decision under Risk [J]. Econometrica, 1999, 47(2): 263–292.
[2] Thaler R. Toward a Positive Theory of Consumer Choices [J]. Journal of Economic Behavior and Organization, 1980, 1(1): 39–60.
[3] Thaler R.. Mental Accounting and Consumer Choice [J]. Marketing Science, 1985, 4(3): 199–214.
[4] Rabin M. Psychology and Economics [J]. Journal of Economic Literature, 1998, 36(1): 11–46.
[5] Mullainathan S., Thaler R. Behavioral Economics [Z]. NBER Working Paper No.7948, Oct. 2000.
[6] Laibson D. A Cue-Theory of Consumption [J]. The Quarterly Journal of Economics, 2001, 116(1): 81–119.

在环境的不确定性、信息的不完全性、人类认知能力的有限性等条件制约下，人的行为理性是有限的而非完全理性，人们做出选择和决策的标准是令人满意而非最优。这一点，从另一角度论证了我们提出的有限理性人前提更具现实性和科学性。

乔治·阿克洛夫（George A. Akerlof，2009）和罗伯特·席勒（Robert J. Shiller，2009）在其著作《动物精神》（Animal Spirits）中提出，动物精神决定着经济决策，经济运行的真正原理在于信心、对公平的追求、腐败和欺诈、货币幻觉、故事这五个方面。[①]

在这个理论体系中，信心是其理论的基石。信心这个词指那些不能用理性决策涵盖的行为。在宏观经济层面，信心有时合理，有时不合理。信心不仅是理性预测，还是动物精神中最重要的元素。信心也有乘数效果，信心乘数是若干轮支出的结果。为此，政府的危机政策应该关注到由于信心低落引起的信贷紧缩，从而应该将信贷流量控制在充分就业时的水平之上。

对公平的关注则大体上会决定工资和价格的设定。人们感到幸福其实主要是因为达到了他们的预期目标。从这个意义上看，人们绝大多数情况下都想得到公平。公平是经济决策的一个主要动机，与信心有关，可以轻易解释非自愿失业、通货膨胀和总产出之间的关系之类的经济现象。

腐败和欺诈对人们的诱惑作用不可否认。经济波动部分归因于公然腐败的显著程度和可接受程度在不同时期的变化，尤为重要的是，欺诈（即技术上合法但心术不正的经济行为）的普遍程度也随时间而变化。约翰·加尔布雷斯曾指出，欺诈行为在经济扩张时增长（挪用

[①] Akerlof, G. A., Shiller, R. J. Animal Spirits: How Human Psychology Drives the Economy and Why It Matters for Global Capitalism [M]. New York: Princeton University Press, 2009.

公款的行为迅速增多），并在经济崩溃后被发现。每次衰退都有腐败和欺诈的影子。

货币幻觉是这一理论的第二大基石。公众受惑于货币的名义价值而搞不清楚通货膨胀或通货紧缩，更弄不明白它们的影响。工资合同、价格决定、债券合同、会计记账都没有通过指数化调整来纠正通货膨胀的影响。而如果考虑到货币幻觉，就会得到一个得出完全不同政策结论的宏观经济学。

故事，是公众行动的参照物。人类之所以产生许多动机，是因为我们经历了一些故事。这些故事给了我们启示并为动机勾勒出蓝本。故事在解释一个国家、一个企业或一个机构的信心时也同样适用。信心的高涨往往是鼓舞人心的故事所致，这些故事总是和开发新业务、某人如何神奇致富这类传说有关。

这一理论探索浅尝辄止，留下很多问题悬而未解。我们发现，信心是经济活动呈现出一定趋势后的产物。在经济形势趋好时人们的信心上升，并推动经济繁荣；反之，在经济活动衰退时，信心下降，并进一步导致经济的大萧条。这意味着，信心是经济活动的产物，而非决定者。另外，公平作为市场交换的重要原则，确是不可忽视的要素，但公平的标准是什么，谁来决定公平，该理论并未给出解释。显然，交换的是否公平是由需求方决定的，而每个人对公平的把握都是在其自身可获取信息基础上的有限理性决定的。同样，腐败和欺诈是危机与繁荣的伴生品，货币幻觉其实并不影响经济周期的存在和变化，故事给人们信心的机制也往往是在经济周期大势已现的情况下实现的。

那么，真正决定市场行为的"看不见的手"是什么呢？

第二章 反思斯密：时代的局限

如前所述，价格机制以及以此为理论内核的市场原理在指导现实经济活动中存在着频繁的低效率甚是无效率的"失灵"情况，这不仅说明了市场理论在解释现实上的无能，也说明了市场理论在指导现实上的无能。

一、亚当·斯密的市场原理

市场原理的理论内核则是价格机制。关于价格机制的描述，最早来源于古典经济学的亚当·斯密（Adam Smith，1776）。一般经济学理论则沿用了这一理念，认为市场上的供求关系决定产品的市场价格。

具体而言，当一种商品的实际需求远远大于其供给量的时候，就会抬高该商品的价格，使得其价格远远高于其自然价值（即生产成本）。[①] 在完全竞争市场条件下，这种情形会引致社会资本、劳动等资

[①] 对此，马克思（Marx K.，1867）在《资本论》中进一步指出，所谓商品的自然价值应该是以社会必要劳动时间确定的价值。马克思. 资本论（第一卷）[M]. 北京：人民出版社，2004：52.

第二章 反思斯密：时代的局限

源向这种商品的生产过程流入，带来产量的增加，供给和需求的差距缩小，市场价格随之下降，商品生产的利润减少，资本、劳动随之减少流入甚至流出到利润更高的领域。反之，当一种商品的实际需求远远低于其供给量的时候，就会使该商品的价格远远低于其自然价值（即生产成本）。在完全竞争市场条件下，这种情形会引致社会资本、劳动等资源从这种商品的生产过程中退出。

斯密认为，这种完全竞争市场条件下的自由竞争，将使商品的市场价格围绕自然价值波动，并不断趋向自然价值（见图2-1）。这种竞争机制，导致资源在社会各经济部门自由流动，直至市场价格等于商品自然价值。[①] 这种情形，意味着供求完全相等，市场出清，社会各经济部门形成了统一的利润率，经济活动实现均衡。在此，均衡的含义是生产和消费相等，价格和成本相等。

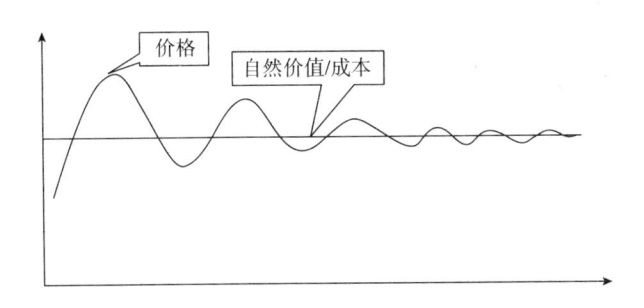

图2-1 亚当·斯密"一般商品"的价格机制

关于市场价格机制的完全竞争市场经济前提，在德布勒（Debreu，1959）的完全竞争定义中得到进一步的强化。在德布勒的定义（参见本书第4页）中，完全理性的消费者（效用最大化）和供给者（收益

---

① Smith A. An Inquiry into the Nature and Causes of the Wealth of Nations [M]. Oxford: Oxford University, 1776: 73-78.

最大化）面对着无限供给和无限需求（可以按照特定的价格买或者卖无限的数量），并在完全竞争条件下达到均衡（市场出清可以实现）。虽然这一论述是从完全竞争的定义角度出发的，意指这种状态下的市场竞争是完全竞争，但这也恰恰是对亚当·斯密理论的背书，即在完全竞争市场条件下，市场出清可以实现。

二、价格机制的逻辑漏洞

价格机制之所以越来越显现出其在解释现实和指导现实上的无能，其根本原因在于其理论范式存在致命的漏洞。这些漏洞包括显而易见的前提与结论的矛盾性、价格波动方式的特殊性以及以少数个案替代普遍现象的虚假性。

1. 前提与结论的矛盾

价格机制的理论前提是完全竞争市场，其机制是依据价格的资源配置，其结论是市场出清。但是，这里存在着巨大的逻辑悖反。

从前提来看，完全竞争市场意味着足够充分的供给和需求，信息是完全对称的。这意味着，生产者知道消费者需要多少，消费者也知道生产者生产多少。那么，供求之间的差距何来？此其一。退一步讲，即便出现了初始的量差，但供给是充分的、无限的，随时可以无成本地进入市场，需求缺少的量可以即时弥补；同理，需求也是充分的、无限的，随时可以无成本地进入市场，供给超出的量也可以随时被需求填补。那么，价格与自然价值之间的差距何来？此其二。既然最初就不可能存在供求之间的量差，也不可能存在价格与自然价值的背离，那么，价格多次围绕自然价值的波动何来？此其三。因此，从结论上看，其价格围绕自然价值波动并最终实现市场均衡的机制，也是在逻辑上无法成立的。

因此，不难看出，价格机制实质上就是以现实中根本不存在的"纯粹"经济形态——完全竞争市场为前提，来解释现实中不完全市场前提下的"一般商品"现象，并得出"纯粹"经济形态的完全竞争市场经济前提下的结论。

2."一般商品"的特殊性

从亚当·斯密主张的"一般商品"价格波动机制而言，其所谓"一般商品"在现实中也不具有代表性意义，而只是极少数特定商品。

这是因为，从"一般商品"价格机制的现实条件来看，这种商品应该具有如下属性：第一，商品的自然价值长期保持相对稳定，即其生产函数在超过一个供求周期以上的多个周期里保持基本不变。唯有如此，价格波动才有追寻的目标。第二，这种商品市场容量巨大，仅供给与需求之间的量差就足以带来价格的巨大变动。第三，需求具有相对刚性。当供给过大时，需求不能随之扩大来填补差额；供给过小时，需求在选择替代品之余仍然强烈地需要供给给予足够的补充。换言之，即便价格上升，需求减少有限；价格下降而需求的扩大也有限。第四，供给具有一定刚性。当供给过剩时，过剩部分不能存储等待下一需求周期，只能全部交给市场；当供给不足时，不足部分不能及时补充——这意味着，其生产周期长，在一个需求周期内无法实现新的供给。第五，供求双方信息处于严重的不对称状态，特别是供给方相互之间的信息获取困难，生产过程或存在巨大的不确定性，或处于信息相对隔绝状态。第六，供求双方需要在市场上经过多个周期的磨合，才能逐步获取相互的充分信息，使价格与自然价值趋于一致。

综观上述条件则可以发现，斯密的"一般商品"并非一般商品，而是以粮食、水果、猪牛羊肉等为主要内容的农副产品等特定商品。这些商品的生产函数是长期相对稳定的，而且供给和需求的市场容量都极其巨大。需求有刚性，基本的粮食等生理需求有底限也有上限。供给则生产周期长，不能及时补充需求不足部分——粮食生产至少需要几个月的生产周期甚至一年，生猪等也有将近一年的生产周期；而且，粮食生产具有靠天吃饭的不确定性，也具有多个区域间供给信息的不对称性；过剩部分的产品大多数不能储存到下一周期，第二年新产出的粮食、生猪将占领市场，陈粮、冻猪肉将无处安身。所以，供给过剩才会以低于生产成本——亚当·斯密的均衡内涵包括价格与成本相等——的价格销售，这在某种程度上也是基于人们理性追求利益最大化或者损失最小化的结果。现实中，也不乏"多收了三五斗"的丰收反而导致"米贱伤农"的情形。而当供给不足时，人们会出于生活基本生理需求的需要来抢购这些商品，纵容价格的上涨。

综上所述，亚当·斯密的"一般商品"并非一般商品，而只是具有生产周期长、供给不确定性大的农副产品及具有同类特征的其他商品，但也不能简单地等同于全部农副产品。在此，笔者将具有上述属性的特定商品称为"阻尼商品"（Damping Goods）[①]，以便进一步分析亚当·斯密价格机制理论的内在弊病。

3. "阻尼商品"的局限性

如前所述，亚当·斯密的"一般商品"只是一些具有特定属性的、以农产品为主的"阻尼商品"。这种"阻尼商品"的价格波动机

[①] 在物理学中，阻尼（Damping）是指任何振动系统在振动中由于外界作用或系统本身固有的原因引起的振动幅度逐渐下降的特性。我们借用物理学的阻尼概念，以"阻尼商品"来界定那些亚当·斯密价格机制理论中提出的、价格长期波动过程中振幅不断缩小并使价格趋于与自然价值一致的特定商品。

制不同于一般工业品，也不同于泛吉芬商品，因此并不具有一般性的代表意义。

一般工业品价格的波动方式与"阻尼商品"完全不同。第一，一般工业品的生产函数是不断变化的。这是因为，一般工业品的价值本身不是维持长期不变的。通常，一般工业品的价格变化趋势是向下的曲线，这主要得益于工业品的成本下降。生产工艺创新、原材料渠道创新、销售渠道创新、分工与熟练带来生产效率的提高、质量管理带来残次品率下降、人工成本降低（减少人工或者机器替代人工）、规模经济带来成本下降（劳动力成本、原材料及销售产品的运输储存成本）等都会带来这一结果。第二，一般工业品的需求不具有相对刚性。由于一般工业品并非人的最低生理需要，而是随收入增加而逐步产生的需求。所以，当供给过大而价格下降时，需求能够随之扩大甚至全部得到满足；而当供给过小而价格上升时，可以选择替代品或在同类商品都超出需求支付能力时放弃需求。第三，供给具有较强的价格弹性。当供给过剩时，过剩部分不仅可以存储等待下一需求周期，而且可以随时停止生产而退出市场；当供给不足时，生产者可以及时扩大产能，提供新的供给。第四，供求双方信息虽然也处于不对称状态，但供给方相互之间的信息相对易于沟通，生产过程也不存在巨大的不确定性。第五，由于产品生命周期的存在，当一个工业品因消费结构升级换代而被其他工业品替代时，其价格会逐步降低到不能满足成本的要求，这时该工业品基本会永久退出市场；但粮食等大宗农产品的价格下降则是单周期的，不存在这种退出市场的情形。第六，在完全竞争市场经济条件下，一般工业品也可以在理论上实现市场均衡。但从经济活动实践看，在现实的不完全市场条件下，历史上多次出现生产过剩的经济危机，市场失衡成为常态。一般工业品价格波动如图2-2所示。

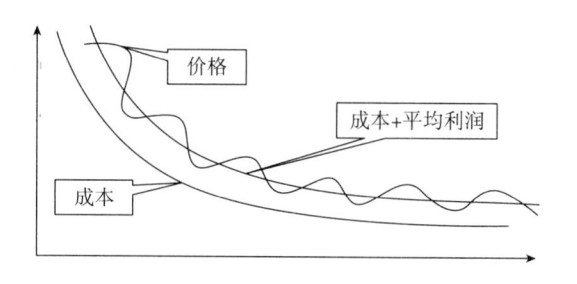

图 2-2　一般工业品价格波动

由此可见，一般工业品的市场价格波动不是农产品那种围绕自然价值上下波动，而是确保总利润前提下围绕成本与平均利润之和的厂商定价上下波动，即通常是在成本之上波动。虽然存在特定工业品市场价格低于生产成本的个别情况，但那些产品往往是即将被替代的退市商品，而且这种价格降低也是厂商基本实现了利润目标，为获取最大收益或最大限度地减少损失而基于边际思维采取的市场策略。

因此，不难发现，由于亚当·斯密所处的时代是工业革命刚刚兴起的工业社会初期，其市场原理的价格机制只是参照了农产品价格的波动，而这些案例（"阻尼商品"）对于工业社会占主导地位的一般工业品不具有代表性，当然也无法解释工业社会的市场机制。这是亚当·斯密的历史局限性，也是由此而来的市场原理价格机制的历史局限性。

三、市场原理在哲学上的不彻底性

亚当·斯密的市场原理不仅在价格机制上存在巨大的逻辑漏洞和历史局限性，而且在整个理论体系上也存在着哲学上的不彻底性。这种哲学上的不彻底性为两个方面：其一，双重理论范式并存，没有形成统一的理论前提、理论内核和结论；其二，即便在同一理论范式内也存在不同前提的混杂、混乱。

1. 理论范式的"双核"框架

如前所述，亚当·斯密的市场原理包括两个部分：其一，是以完全竞争市场为前提的、关于"一般商品"的价格波动机制；其二，是以不完全市场为前提的、针对供给有限的吉芬商品的价格变化解释。其中，"一般商品"前文已有详尽论述，在此不再赘述。吉芬商品则是指价格上升但需求反而随之扩大的商品。吉芬商品源于19世纪的英国学者罗伯特·吉芬在爱尔兰发现的土豆价格上涨带来更多土豆需求的现象，后用于指代这一类的商品，艺术品、邮票、古钱币等成为其代表。而在现代经济活动中，吉芬商品存在泛化的现象，股票、住房、一些农产品甚至卫生纸、食盐等工业品都曾出现这种特征。

由此，不难发现，亚当·斯密的市场原理整体的理论范式是两个理论范式并存的。第一，存在两个理论前提——"一般商品"的完全竞争市场和吉芬商品的不完全市场。第二，存在两个价格变动机制——"一般商品"价格上升则需求缩小、供给扩大，价格下降则需求扩大、供给减少；吉芬商品价格上升则需求扩大，价格下降则需求减少。第三，存在两个市场运行结果——"一般商品"借助价格围绕自然价值波动，最终实现市场均衡；吉芬商品则无法实现市场均衡。

从哲学上看，一个事物的发展存在着其内在的规律性，这个规律性依靠科学的总结则可利用一个基本的理论范式总结。但传统的市场原理却靠两个理论范式并存的方式大行其道，不能不说是哲学上的不彻底性的体现。这种哲学上的不彻底性之所以被掩盖，是因为亚当·斯密将只能代表少数商品的"阻尼商品"称为具有普遍意义的"一般商品"，因而使其关于"阻尼商品"的总结具有了一般规律的欺骗性。事实上，如前所述，亚当·斯密的"一般商品"不过是一小部分具有特定性质的"阻尼商品"，其关于市场规律的全部总结不过是对"阻尼商品"、吉芬商品两个特殊商品群组的总结，与真正全面概括市场现象相去甚远，也与真正具有代表意义的商品群组相去甚远。这说明，亚当·斯密的市场原理远未找到一个足以解释所有市场现象的基本要素，也不能归之于一个统一的理论前提。

2. 理论前提的混乱

即便在市场原理关于所谓"一般商品"分析的一个理论范式中，其理论前提也是混乱的，因此其科学性也不堪一击。

虽然亚当·斯密关于"一般商品"价格机制的分析是以完全竞争市场为前提的，但在具体分析"一般商品"价格波动过程的时候却首先提出了价格与自然价值的背离，而这种背离在完全竞争市场条件下根本不可能出现，供大于求或供小于求的现象只能在不完全市场经济条件下才能产生。在此，亚当·斯密又不露声色地将不完全市场前提拉进其分析框架之中。于是，由于不完全市场造成的供求失衡，在完全竞争市场前提下供求双方借助价格调整社会资源配置，再因不完全市场的存在而不能一步到位地解决，而需要借助完全竞争市场条件下的供给、需求自动调整，实现在不完全市场下价格的多次波动……

而从"一般商品"市场原理的结论来看，这种价格机制实现的市场均衡——即供给与需求相等、价格与成本相等，市场出清——也只能在完全竞争市场条件下才能存在。因为，即便现实中存在供求相等的瞬间，但价格也绝对不会等于成本。商品的价格只包含成本的时代，是工业化社会之前的农业社会阶段，农产品、手工业者生产的生产工具及生活用品往往可以简单地视为基本原材料加上劳动报酬。而且，还必须将农产品价格中包含的地租部分视为土地成本,而忽略掉其中的剥削成分。但这种情形仅适用于农业社会,到了工业社会,资本主义生产方式占据了主导地位,市场中占绝大多数的工业品不再仅以成本追求出清,而是成本加上资本的收益(即剩余价值)。因此,亚当·斯密的市场原理的结论也是背离现实的,只能存在于完全竞争市场经济条件下的农业社会。

由此可见,在传统市场经济理论关于"一般商品"价格机制的论述过程中,存在着理论前提与论述过程中完全竞争市场、不完全市场两个理论前提的混用、交叉的随意安排。这种哲学上的不彻底性,不可避免地导致其结论的不科学性。事实上,亚当·斯密的市场原理价格机制只是在局部区域市场的个别时间段有所反映,从未在整个市场体系中体现,也从未出现市场出清,更多的是迫使经济学家们不得不探讨"市场失灵"的问题。

四、完全竞争市场条件下的市场原理

如前所述,以亚当·斯密为源头的传统市场原理在本质上存在着哲学的不彻底性。其在完全竞争市场条件下的市场之外,对吉芬商品网开一面,同时认同了市场存在两种前提和运行机制。而在其认为具有普遍意义的"一般商品"的市场原理中,存在着诸多理论漏洞——完全竞争市场与不完全市场前提混用;如果以完全竞争市场为前提则不复存在价格波动,也不复存在价格调整资源配置的机制;"一般商品"根本不具备普遍性,只是大宗农产品中特定部分商品("阻尼商品")。因此,我们可以断定,亚当·斯密所描述的市场,并不是真正意义的完全竞争市场条件下的纯净态市场。当然，其理论内核的市场原理，既不能充分解释完全竞争市场条件下的供求波动机制，也不能解释不完全市场条件下的供求波动机制。

为此，我们尝试回归到纯净态的完全竞争市场前提下，重新总结完全竞争市场条件下的商品供求波动机制。

1. 完全竞争市场前提与纯净态经济

首先，关于完全竞争市场前提的界定，我们尊重前人的总结，按照通常的方式界定完全竞争市场前提为：市场存在数量无限的供给及需求、不存在进入和退出市场的任何障碍（空间的、时间的、技术的、资金的）、有完全对称的信息（信息充分且不需要成本）、供给方和需求方都是追求利益最大化的完全理性经济人。

在此，信息完全对称存在着两种信息交换方式：第一种，是以市场价格为媒介，市场价格对商品自然价值（即商品的成本）[①] 的背离情形可以即时地、无障碍地、全部地传递给市场上全部需求方和供给方。这种由价格传递信息的机制，市场价格的差异意味着供给和需求之间的数量差异，可以引导我们沿着价格机制的思路去总结市场原理。第二种，是以社会人际网络为媒介，在纯净态经济的社会网络中，人们需要的商品数量和可以提供的商品数量充分实现对称。这是一种比价格传递供求数量关系更为直接的方式，也更符合纯净态经济的特点。这是因为，既然价格的信息存在充分对称的传递机制，那么在价格生成之前的需求和供给信息（需求预期和供给预期）也应该存在同样的传递机制。

[①] 之所以是商品自然价值与价格的比较，是因为我们假定的是纯净态经济，不允许有利润、超额利润等非完全竞争市场要素介入。

2. 完全竞争市场前提下的价格机制

在完全竞争市场前提下,当信息采取以价格为媒介进行充分对称的传递的方式时,由于供给和需求的无限性,市场供求关系将通过供求关系调整即时实现市场均衡。

如图 2-3 所示,当出现价格 P_1 高于商品自然价值 P_2 的情形时,意味着市场上的供给不足而需求过剩。而这种情形下,由于满足需求是经济活动的出发点,供给则是可以无限扩大的,因而实现市场均衡的路径也很简单——供给即时扩大到需求所要求的数量,实现市场均衡,并持续下去。在此,供给扩大的即时性意味着实现 Q_1 向 Q_2 调整的时间差无限接近于零。即,$\Delta T \to 0$($\Delta T = T_{Q_2} - T_{Q_1}$)。

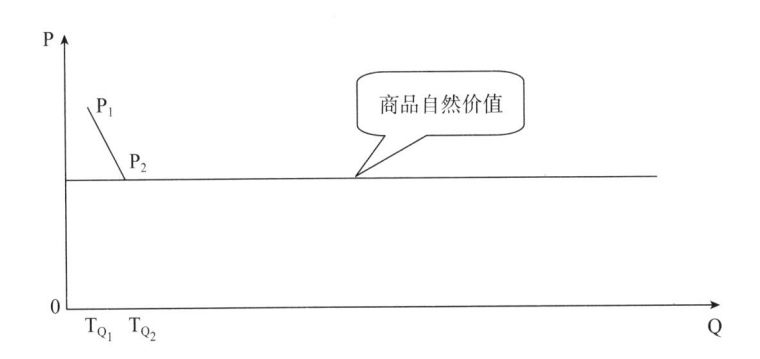

图 2-3 借助价格为信息媒介的完全竞争市场供求关系(初始条件为供小于求)

如图 2-4 所示,当出现价格低于商品自然价值的情形时,意味着市场上供给过剩而需求不足。这种情形下,可以选择需求扩大,也可以选择供给缩小。但是,需要注意的是,需求本来就没有数量限制,当然也没有成本限制,因此市场上的需求数量应该是所有需求数量的充分反映,再通过需求扩大来实现市场均衡是不合逻辑的。相反,供给也没有数量的限制，进入和退出都是无成本的。因此，这种情况下的市场均衡应该是供给退出市场，实现商品价格与自然价值完全相等，并延续下去。同样，供给缩小的即时性意味着实现 Q_1 向 Q_2 调整的时间差无限接近于零。即，$\Delta T \rightarrow 0$（$\Delta T = T_{Q_2} - T_{Q_1}$）。

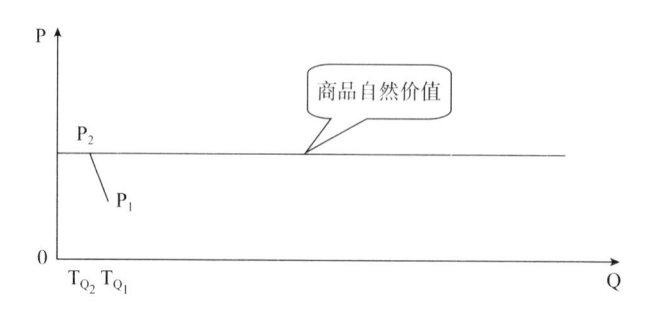

图 2-4 借助价格为信息媒介的完全竞争市场供求关系（初始条件为供大于求）

3. 完全竞争市场前提下的社会网络机制

如果是以社会网络为媒介进行信息传递的话，完全竞争市场前提下的信息传递包括商品生产前、商品生产过程、商品进入市场及此后的各个阶段的信息传递。这种社会网络的信息传递也具有充分的对称性，因为如果没有社会网络的信息传递，那么价格信息将无从实现充分的对称性。而帮助价格信息实现了充分对称的社会网络，同样可以在商品进入市场、供求关系决定价格之前将需求信息和供给信息充分分享，达到纯净态经济的信息充分对称状态。

那么，在社会网络机制下完全竞争市场的供求关系调整将是如何进行的呢？既然完全竞争市场的信息充分对称，而且借助社会网络的信息传递机制与价格的信息传递机制一样充分且无障碍，那么，很自然地，市场均衡将在商品生产过程结束后即实现——商品在进入市场前供给方已经按照需求预期的数量进行生产了,因而不存在价格差,不存在供求数量差,整个市场自商品进入市场以后就是自然均衡状态。如图2-5所示。

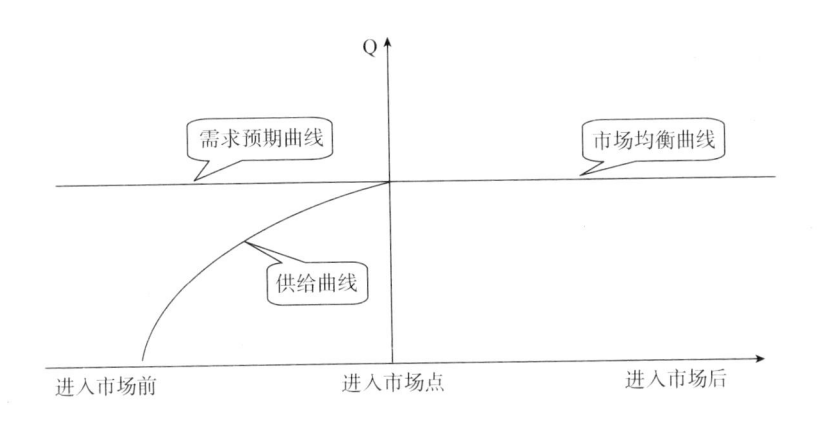

图2-5 借助社会网络为信息媒介的完全竞争市场供求关系

4. 完全竞争市场前提下的市场机制总结

在完全竞争市场前提下,不可能出现价格多次波动的价格配置资源的方式,因为供给是无限的、即时的、无障碍的,又是信息充分对称的。所有供给对需求的数量差异,可以通过供给的增加或减少即时消除,就像打个响指一样简单而瞬间实现。因此,完全竞争市场前提下的市场机制,如果是以价格为媒介进行信息传递,就是一次性地调整回到并实现持续均衡;如果是以社会网络为媒介进行信息传递,完全竞争市场前提下的市场均衡早在商品生产过程中即已实现,整个市场是自然均衡状态。而且,显而易见,后者更适合于纯净态经济的描述。

同时,需要强调的是,也不可能出现借助需求的增加或减少来调整市场供求关系的方式。这是因为,需求是人类经济活动的根本动力,有需求才有供给存在的必要性。加之，供给是充分的、无限的、即时的、自由进入和退出的，因此，市场供求关系的调节完全可以借助供给的调整加以解决，而不应该考虑通过调整需求来解决。在价格机制的情形下，如果价格过低也不应刺激需求扩大，因为在完全竞争市场条件下的需求本来就没有限制，市场初始状态所体现出来的需求本来就是充分需求，再要扩大的需求从何而来？因此，这种情形应该压缩供给，使供给去适应已经充分体现出来的需求。如果价格过高也不应强迫需求减少来使市场均衡，因为需求的被动减少就意味着市场有需求达不到充分满足，就失去了市场活动的本意。因此，让供给即时扩大到需求的量，才是完全竞争市场应有的解决办法。

总之，在完全竞争市场前提下，市场上的需求是无须调整的，而供给则是可以根据需求的要求扩大或减少的。在借助价格为信息媒介的情形下，供给调整到与需求一致，实现价格与商品自然价值相等，是即时的、一次性的过程，不存在多次波动。在借助社会网络为信息传递媒介的情形下，供给在商品进入市场前即已在数量上调整到与需求一致的水平，市场是自然均衡状态，连价格机制下的一次性波动都不存在。

第三章　心理预期：市场的支配者

市场是人类经济活动不可回避的基本元素。就像我们生活所在的地球，不管你是否知道地球只是太阳系中的一个行星、是否有自转和公转，地球兀自按照自己的方式存在和运行：当你完全以为太阳在围着地球转而不去关注其他斗转星移的时候，你仍然可以看到太阳东出西落。市场也是在按照自己的方式来运行着的，尽管价格事实上并非根本性的决定力量——至少它不能统一解释"一般商品"和吉芬商品的市场现象，但如果只关心那些"一般商品"，就仍然可以认为是价格在决定着经济活动。

一、智人时代：前提的重设

如前所述，传统市场理论之所以荒谬，其根本原因在于其理论前提不统一，而对一般商品的解释前提又严重背离了现实。由于市场理论所尊奉的完全竞争市场前提完全脱离了经济活动现实，使得这一理论在市场运行机制的论述上也失去了科学性，变成了空中楼阁。因此，现代西方经济学者以替代效应、收入效应来解释供求关系时，也倾向于描述市场在现实经济活动中的具体表现，有意模糊了古典理论的完全竞争市场前提，但并未明确提出其理论前提已非完全竞争市场。由此可见，西方经济学仍然延续着古典经济学的理论传统，寄望于以现实弥补和化解理论前提的漏洞。人类经济活动的实践证明，市场并不存在完全竞争状态，从未出现过在价格这个"看不见的手"作用下出现的社会经济资源最佳配置，也从未出现过市场出清。

为此，本书从现实出发，重新总结市场行为的规律，探索市场行为的原理。在此，笔者基于经济现实市场不完全性的基本认识，将市场原理的理论前提设定为不完全市场。

不完全市场的界定包括：经济活动中不存在无限的供给和需求；消费者和生产者进入市场受到空间、政策、技术、成本等各种障碍；产品是有差别的，虽然存在可替代性，但在本质上存在异质性；市场的信息并不充分且普遍存在不对称情形，信息搜寻成本是造成这一障碍的原因之一。与此同时，不完全竞争市场的前提还蕴含着这样的基本认识：无论消费者还是生产者，都是有限理性人，既不是无所不知的神仙，[1] 也不是非理性的动物行为者。[2] 正因如此，本书将这个市场经济的时代，称为智人时代——这是智慧的人类主宰的时代，也是受人类智慧制约的时代。

关于市场特征的不完全性的界定，是对经济活动现实的忠实描述。这是因为，人类经济活动自其产生而来，一直受到资源有限性和空间异质性的制约，根本不能实现无限的供给和需求。传统的市场原理之所以缺乏解释力，就是因为其前提假设是根本不存在的完全竞争市场。

---

[1] 古典经济学中的理性人实际上就像一个神仙，他拥有足够的经济知识，洞晓经济活动中的一切。

[2] 在乔治·阿克洛夫和罗伯特·席勒的著作《动物精神》中，经济活动中的人的有限理性被低级化地描述为动物的本能，其中包括信心、对公平的追求、腐败和欺诈、货币幻觉、故事的示范效果。这种描述，显然带有肤浅的直觉色彩，而没有进行深入的思辨。参见第一章相关论述。

提出这一原理的古典经济学为服务于最早实现工业革命的英国资本主义利益集团开拓市场的需要，而以学术的名义忽视了资源的有限性，忽视了空间的存在及其异质性。

同时，应该看到，亚当·斯密市场原理的提出也是其为资产阶级代言的局限性，使其有意忽视了市场的不完全性。亚当·斯密、大卫·李嘉图主张各国发挥其绝对优势或相对优势进行国际分工，潜含着这种分工方式可以无限延伸而不必介意其需求和供给总量差异的含义。事实上，当时的英国主要出口纺织品等工业产品，其需求是可以随收入而扩展的，其供给因世界资源的引入可以相对更多地扩张；而其他国家则主要在农产品上具有优势，比如经典理论中法国葡萄酒的案例，其需求有偏好和消费者个体食用能力的局限，供给则受区位空间异质性的限制。显而易见，这个理论的问世，是为英国资产阶级大工业经济服务的。

当我们回到现实中来，就不难发现，完全竞争市场并不存在，现实是残酷而真实的不完全市场，这是由于：

第一，经济资源是有限的。我们所生存的地球虽然幅员辽阔且蕴藏丰富，但所拥有的空间终是有极限的，经济资源也是有极限的。加之科学技术的局限性，人类不可能将地球上的全部资源都加以利用，也不可能将每一种资源都利用到极致。因此，在资源有限且稀缺的前提下进行选择来生产商品以满足现在及未来社会需求，是经济学的出发点，也是经济学不得不面对的根本命题。对此，经济学者已经有充分的认识，并形成了以此为基点的共识。因此，完全竞争市场前提中关于无限供给的假设，无论是产品的数量，还是产品的种类，都是不能成立的。

在此，地球资源的有限性不仅是绝对量上的有限，也是相对于人类数量、相对于人类生活方式、相对于人类技术手段上的有限性。众所周知，人类数量在逐年增长，世界每秒出生4.3人，每年增长约8296万人，目前世界的总人口约74亿，到2050年人口将达到90亿。人类拙劣的产业技术、日益提高的生活水平正在快速地消耗着地球的资源，同时人类排出的污染物正在不断侵蚀着自身的生活空间。看到这些，几乎所有人都不会再相信供给是无限的。

从需求来看，其中的欲望虽然是无限的，但作为现实条件的支付能力则是受劳动力生产和物质产品生产制约的，所以归根结底也是有限的。

第二，空间客观存在并有着异质性，这对市场的不完全性有着决定性的影响。首先，人类作为客观实在的经济人，只能依存于特定的地域空间，而特定的地域空间物产有限，这使得供给更受限制。其次，特定地域空间的气候、地理等要素决定了最早的产业生成与发展，草原森林河湖之地形成畜牧渔猎产业，平原近水近林地区则造就了农耕种植业。这种因空间异质性形成的产业差异，不仅进一步决定了供给在数量及品种上的有限性，也从根本上决定了需求在数量及品种上的有限性。再次，空间的存在客观上造成了消费者、供给者、生产资料以及信息进入市场的障碍。空间的介入不仅通过距离以及山川等地形变化增加了进入市场的成本，而且借助空间的异质性形成了市场的天然分割，进而增加了信息搜索成本，带来了市场信息天然的不对称性。最后，空间的隔绝使得依附于空间的人们形成了不同的生产经验、不同的消费习惯，进而形成了不同的社会文明。这些文化的异质性带来人们对经济活动理解的差异，使得生产信息不仅是不对称的，而且是错位的，充满了误解与歧义。

区域的异质性、空间的制约，突出表现在我们日常生活中。我们还是以法国葡萄酒为例，盛产葡萄的地方受气候、土壤等的制约，不要说爱斯基摩人不可能在冰原上种植葡萄，就是极热的赤道地区也做不到。而一个地域原发的经济产品往往形成了这个地域固有的传统，并显著地区别于其他地区。譬如中国的黄土高原上盛产小米，尽管地球上不乏与之处于相似纬度和土壤状态的其他地区，但从来没有听到过北美、北欧等地出产过小米这种既有营养又有保健功能的好东西。空间形成的距离与文化差异，毫无疑问地构成了市场信息的获取障碍，利用异文化的陌生来抬高物价或进行市场欺诈的行为往往得以完成。

第三，无论消费者还是生产者，都是有限理性人。虽然二者都在追求其利益的最大化，但作为个体的人在经济活动决策过程中都只能依赖于个人所获取的信息。但信息具有不完全性、不对称性，人们的生产及消费习惯、社会文化具有异质性，加之人们对自然世界、社会现象的认知能力有限，使得其对经济活动规律的认识具有局限性。这使得参与市场行为的各方，即便是在追求其利益最大化，也是有限的、出于个体自身认识的利益最大化。

人类远远没有参透宇宙的奥秘，根本不是无所不知的。恰恰相反，由于人类认知能力的局限性，人类选择的经济资源和生产技术都是具有局限性的。例如在第一次工业革命时期，瓦特制造出蒸汽机、帮助资本摆脱了其对水力的依赖之后，英国的森林就遭受了灭顶之灾。因为，当时的人们选择用木炭来加热蒸汽机所用的水，在木炭被禁止使用之后，人们才把眼光投向了煤炭，而煤炭当然也不是无限供给的。

同时，人们对经济活动的认知也是存在局限性的。例如人们盲目相信价格的提升可以抑制需求，于是放任房地产价格上升，希望在一个即将到来的拐点看到房地产的需求下降，实现市场均衡，天下太平。但结果是房价无休止地飙升，直到金融流动性无法支撑这种疯狂，房价一泻千里，带来整个经济的崩溃。日本泡沫经济的崩溃就是这一情形的典型代表。

人的有限理性不仅反映在对自然物质认识的不充分上，也反映在对社会认识的不充分上。人们对社会活动认识的不充分，也使得人们在经济活动中的决策无时无刻不表现出有限理性的特征。在现实中，人们并不都是具有无限意志力且追求效用最大化，即便是自认为是这样的人，也只是他认知范围内的无限意志和最大化效益而已。人们由于信息获取的局限性，往往为节省信息成本——比如要跑几个地方对比商品价格和性能而必须耗费时间和金钱——而选择可以接受的次优商品；人们也会为了回避风险而选择其认为相对稳妥的商品组合，宁可获取次优收益，而不愿意为获取最优收益而冒失去全部收益甚至付出沉没成本的风险。这种情形在赌博等游戏中表现得更加突出。

人类是有情感的动物，他们已经拥有的商品往往承载着他们生活的过程，因而人们往往不自觉地认为自己所拥有的事物会更有价值。这种心理账户，会导致人们的消费选择往往不是按照经济学的效用最大化范式来进行所谓理性选择，而是集合了消费者商品需求、心理需求、有限的供给认识基础上的有限理性选择。

近年来，心理要素对消费者有限理性的影响得到了深入的探讨。有学者认为，人在经济活动中表现出了有限理性、有限意志力、有限自利性。而行为经济学派普遍认为，人的行为理性是有限的，人们的选择往往是可以使人们基本满足的次优选择。这种选择方式的形成，恰恰是不完全市场的客观成因造成的。由于空间的障碍，人们无法认识整个世界，无法回避距离、地形、气候等空间成本；由于时间的障碍，人们往往存在认识和决策的时滞；由于人们对自然与社会的认识不足，人们对商品市场技术的选择、商品功能的选择都具有局限性；而由于市场竞争的障碍，现实中的市场垄断、政策性的市场分割、国家保护主义政策等都间接限制商品流通的范围、影响消费者对商品价格的选择。所有这一切，最终在人的理性问题上，必然带来有限理性的结果。

总之，市场的不完全性是现实的存在。背弃这一现实，刻意抽象出来的纯粹状态，当然也不能得出符合市场现实的理论。在空中楼阁的理论前提下诞生的经济理论，只能是经济学的童话，如果当作真实来指导现实，除了失败还能得到什么？

二、追本溯源：市场的成立

市场的产生是人类认识自然、改造自然活动达到一定历史阶段后的产物。一般而言，具有经济学意义的市场的出现需要有物质产品出现超过日常生活所需的剩余，可供交换。但是仅有剩余产品是不够的，更为重要的、对市场成立具有决定性意义的，是存在交换的需要。这是由于：

第一，剩余产品的出现，只意味着存在这些剩余产品转化为供给的可能，同时存在着这些剩余产品成为交换支付手段的可能。也就是说，剩余产品的出现解决了市场成立所需的供给和支付能力问题。但是，仅有这些仍然不能使交换行为出现。这是因为，这并不能解决人们为什么交换的问题。交换行为的出现，以及由此而来的市场的成立，取决于人们是否有交换的必要。没有交换的必要，再丰富的供给、再充足的支付能力都不会在有限理性前提下带来市场行为。这个交换的必要，也就是需要，才是市场上的需求——有支付能力的需要——的基石。因此，在供给、支付能力、需要之间，对市场成立具有决定性作用的是需要。

从最早的市场活动来看，经典的案例是两把斧子换一头羊。从这个案例来看，首先是交换者对对方商品必须有直接的需求，如果此不要羊，或者彼不要斧，则交易不会发生。养羊人为了养更多的羊，需要更多、更结实的篱笆，那么可以选择交换。如果他已经有足够的斧子，即使对方愿意给予更多的斧子，交易也不会成功。在现代经济中，消费者面对多种选择时，需要更多地体现出其决定性来。一个消费者购买一件商品，必然出自某种生活、社会乃至心理的需要——例如手包，对于没有它的人而言，购买是满足基本的使用需要；对于已有的人，购买新品或者高档品是出于替代消费以及心理满足的需要；对于拥有大量高档手包仍然愿意购买的人而言，购买行为基本上是要满足其嗜好的心理需要。

第二，追本溯源地看，需要是一切经济活动的根源，是供给的根源。人类一切认识自然、改造自然的活动，都是为满足自身物质文化生活的需要而进行的。马克思曾指出，人的需要即人的本性，是人类从事生产活动和形成社会关系的动因与依据。① 对人而言，"他需要的界限也就是他生产的界限"。② 换言之，人的需要是促使其参与劳动、投入生产的原动力。在交换出现之前，个体生产物品的数量和范围就是以自己的直接需要为标准，不会超出直接需要。当产品出现剩余时，交换的需要随之产生，进而形成分工、合作等社会关系。③ 进一步地说，当人的基本生活需要得到满足后，人们才能够"创造历史"，一系列历史活动随之展开。④ 因此，需要既是形成社会关系的最初动力，也是构成历史活动的最初动力。需要是生产活动之源，而需求作为需要在市场上的代言人，也是市场成立的先决条件。

需要是人类历史的最初动力，对此毋庸置疑，而需要对生产活动

---

① 马克思，恩格斯. 马克思恩格斯全集（第三卷）[M]. 北京：人民出版社，1960：514.
② 马克思. 1844年经济学哲学手稿[M]. 北京：人民出版社，2000：180.
③ 马克思，恩格斯. 马克思恩格斯全集（第三卷）[M]. 北京：人民出版社，1960：32-33.
④ 马克思，恩格斯. 马克思恩格斯全集（第三卷）[M]. 北京：人民出版社，1960：32.

界限的界定，则是现代经济中不能忽视的基本准则。由于人类信息沟通的障碍，生产的总量和种类总会与需要有所出入，但在资本主义大工业规模经济的生产体制下，产品被大批量地生产出来，市场过剩变得不可避免。经济活动无视需求，相信供给可以创造需求，使得供给脱离需求独自狂奔，造成大量生产过剩，进而造成经济危机。新一轮经济周期开始后，上一轮的产品积压部分得以消化，但大多是因为精神磨损（新产品出现产生替代效果）而被挤出市场，市场并没有带来均衡，没有实现资源的合理配置，反而造成了资源的大量浪费。这种市场运行的过程，足以说明忽视需求的危害性。

第三，在市场经济形成之后的一般市场行为中，供给能否唤醒需求并最终带来交易行为，也是由需求决定的。经济活动中往往会发生供给唤醒需求的直观现象。一种新的产品譬如钢琴或者汽车（相对于马车）的出现，唤醒了关于这种产品的需求，形成新的消费市场，甚至成为新的消费习惯。于是，这种直观的认识使人们简单地认为，供给创造了需求。甚至有经济学家认为，产品的生产会自己创造出与这部分产品同值的购买力：供给会创造出其自己的需求。[1] 尽管这一论述经过多次修补完善，但仍然无法解释资本主义世界频繁发生的经济危机。因而受到西斯蒙第、马尔萨斯以及凯恩斯等经济学家的批判。这种供给创造需求的理论之所以失败，就是因为它不仅不能证明市场上的消费者一方拥有足够的支付能力，也没有说明这种总量的支付能力能否在有消费需要的人群间有适度的分配，更没有看到市场的决定是需求，而不是供给。需求的根本决定力量不是人们是否拥有足够的支付能力，而是人们的需要，是人们是否真正需要这个商品。

第四，在市场经济活动过程中，供给所实现的产品数量、价值，

---

[1] James Mill. Commerce Defended [M]. London: Routledge Press, 1992.

甚至生产过程也是由需求决定的。即使供给符合人们的需要，但由于需要受人们支付能力的制约，因而表现在市场上的需求往往是小于供给的，而供给超过需求的部分就会滞留在市场上无法实现，长期积累并最终导致经济危机。对此，马克思指出，只有当全部产品是按必要的比例进行生产时，它们才能卖出去。社会劳动时间可分别用在各个特殊生产领域的份额的这个数量界限，不过是整个价值规律进一步发展的表现，显然必要劳动时间在这里包含着另一种意义。为了满足社会需要，只有这样多的劳动时间才是必要的。[①] 在此，超量的供给，作为超过需求的必要劳动时间的部分，被需求放弃；而只有社会需求可以实现的供给，才能真正在市场上得到实现。进而，需求也要求生产过程中生产工艺、技术等要素与消费者的需要一致，例如选择农产品的消费时，人们会拒绝农药残留过多的产品而愿意选择绿色产品。

总之，市场的成立需要有需求、供给双方同时存在，但最终决定交易行为成立并使市场真正成立的，不是供给，而是需求。而决定需求的，不是支付能力，而是需要。历史上之所以出现一种新产品譬如钢琴、汽车等的供给出现就能诱发其需求而促成交换行为，是因为钢琴、汽车等新产品的供给提供给人们一种选择，可以满足他们对新的美妙乐器、更有效率的代步工具的需要。随着大众消费社会的成熟，一个新产品能否满足需求使市场成立，则取决于这个商品是否成功地填补了已有商品尚未满足人们需要的空白，或者能否成功替代已有产品来使消费者的需要得到更有价值的满足。因此，可以说，市场的成立是以需要为终极决定因素，以需求为前提，由需求唤起而形成的。即便在市场体制确立之后，市场也是最终由需求决定的，而非供给、需求双方共同决定的，更不是由供给单方面决定的。

---

① 马克思. 资本论（第三卷）[M]. 北京：人民出版社，1975：717.

三、看不见的手：心理预期

在关于市场机制的理论中，价格一直被视为"看不见的手"来发挥着资源配置的作用。但是，在现实的市场行为之中，价格已经失去了应有的指向功能。许多商品的需求不再因价格的升高而减少，也不因价格的降低而增加，而是恰恰相反：价格下降，商品需求和供给都下降；价格上升，商品的需求和供给都上升。同时，社会资源的使用越来越出现枯竭化的倾向：越是稀缺的资源，价格越高，越被过多地使用；越是相对丰裕的资源，价格越低，越被忽视和闲置。市场活动的现实证明，把价格视为"看不见的手"是简单而肤浅的理论想象。

那么，真正发挥市场资源配置作用的"看不见的手"是什么呢？

笔者认为，决定一般商品（包括越来越多的"泛吉芬商品"）和吉芬商品的市场供求关系的，应该是同一个要素在起着根本作用。由于市场成立是由需要决定的，这个要素必然是首先造成了需求的发生，进而诱发供给，促使市场交易行为发生。通过客观追溯和观察市场行为过程可以发现，决定市场运行的根本力量是需求、供给双方参与市场活动者的心理预期。在此，心理预期是指市场行为中的需求、供给双方个体自然人以及由此汇集而形成的社会性市场行为主体，在有限理性的前提下，对其次期市场行为——需求获得满足或供给得到实现——可实现收益的预先判断。其中，消费者的心理预期包括对次期消费效用满足度和效益获益性两个方面的预期；生产者的心理预期则主要是指其对次期供给的获利性的预期。①

心理预期决定市场运行的基本机制是：通过消费者的心理预期形成需求，需求进而影响生产者并通过生产者的心理预期带来供给。在此，消费者的心理预期是对更高消费收益的期待，可能是商品功能的提高，也可能是价格的低廉，总体上是宽泛而具有导向性的。因此，供给在这种心理预期的引导下，一方面看到需求带来利益的预期，另一方面则因供给者个体的不同而会出现具体的需求解决方案上的差异性。其结果就是带来一些功能、价格具有相似性但又存在差异性的替代产品群。消费者则基于其心理预期，选择其中的某一产品或选择某几种产品的组合，于是，在消费者心理预期追求效益最大化和生产者心理预期追求利润最大化的交互作用下形成的价格点，交易行为得以完成。

心理预期的作用，在不同的市场条件下具体表现为不同的方向和形式。在此重申信息不对称性和市场参与者的有限理性是本书讨论的不完全市场的基本前提，以便下文集中讨论需求、供给各种情况下心理预期在市场上的作用方式。

第一，在信息和理性认识都认为某种商品的需求、供给相对均衡且存在充足的可替代供给、信息具有较好传导性的市场条件下，消费者的心理预期会因其价格下降而选择扩大其消费或放弃其原替代品消费而转向该商品，这样可以使其原来预期的支出减少，提高其消费者剩余。反之，当价格上升时，消费者则因其原本预期的支出不得不增加而在可能的范围内相应减少其消费或转向价格更低的替代品消费。这种情形在短期不会影响供给的变动，而当这种倾向长期持续下去之

---

① 关于心理预期的讨论，始于凯恩斯的理论，但凯恩斯只是看到了心理预期在微观层面上边际效用递减等表层现象，没有关注到心理预期对市场的决定作用。后来的卡尼曼等人对心理预期的讨论则过度关注了赌博等个案中心理预期的不可测度特征。可以说，通过心理预期来分析市场问题的角度并未真正受到关注。

际，则会促使生产者产生其收益将因此有显著的减少或增加的心理预期，从而减少或增加产出。在这种情况下，价格看似起到了市场需求、供给调整的指向标的作用，进而使传统市场理论认为价格是"看不见的手"，并简单地将这种特殊情形扩大为普遍原理。而事实上，这只是不完全市场条件下的一种特殊情形——商品的供给和需求都具有一定的刚性：商品虽然存在替代的选择束，但本身不存在自身产品生命周期的问题，即不是那种随时可以被新产品替代的产品（通常不会是工业品）；价格上升不会引起外部商品流入而降价，价格下降不会在短期诱发供给的减少；需求相对稳定，没有减少或增加——其典型代表为特定空间范围内的农产品市场，即前文所述的"阻尼商品"，并不能代表市场经济的全部。同时，这种偶然的情形也是心理预期的决定结果，对商品价格趋势的判断、商品的收入效应、替代效应等无不基于消费者的心理预期。

第二，在某种商品的需求具有一定刚性且信息和理性认识都认为这种商品的供给相对不足且缺乏足够替代品的市场条件下，消费者的心理预期会因其价格上升而乐于采取提前购买的方式以实现支出的节省，于是造成了一般商品（非吉芬商品）价格越高，购买越多的社会现象。这种情形多见于日用生活品的刚性需求产品，盐、卫生纸、洗衣粉、大蒜等均出现过类似的情况，一部分的商品房的抢购也是基于这种心理预期。消费者的这种心理预期会进一步抬高价格，在长期上诱发生产者产生的收益将因此有显著增加的心理预期，从而增加产出。其结果是，这种情形往往可以通过增加供给改变价格上升态势，从而稳定需求。但住房的情况较为特殊，不仅有刚性需求的影响，也有住房金融资本化的影响。

第三，在信息和理性认识都认为某种商品包括其替代品供给过剩而需求相对不足的市场条件下（通常是在经济萧条的背景下），消费者的收入下降，对就业前景的判断下降，其心理预期在消费之际会考虑次期支出的需要，往往不会理睬非必需品的价格下降，可能转向价格下降幅度更大的替代品，也可能选择中止该项消费以维系次期生活基本需求，从而出现即便商品价格下降也不会带来消费扩大的情形。例如在日本泡沫危机刚刚爆发的20世纪90年代初期——政府、企业、个人都有债务的严重衰退时代，电视、录像机、照相机等非必需品的一般工业品的价格下降往往得不到市场消费扩大的响应，甚至一些日用消费品如蔬菜、水果等，也不能因降价带来需求扩大。这种情况在长期上会导致生产者对该种商品盈利能力的心理预期下降，从而缩小该商品生产或者转而开发新的、可以给消费者心理预期带来更大消费者剩余的产品。这也是经济危机往往在导致一大批中小企业倒闭的同时也推动少数有实力的大企业创新发展的原因。①

第四，在古钱币、艺术品（特别是在艺术家已经过世的情况下）、旧版书籍等传统的吉芬商品市场上，供给是既定的，商品因其稀缺性具有价格刚性，市场的心理预期基本是盈余的。但这些商品不是生活必需品，因而只有当其价格上升较快时，需求方从中看到显著的获益预期才会决策购买，从而造成价格越高、需求越大的态势。供给方则受此影响，提高其收益的心理预期，进一步抬高价格，直到需求方心

---

① 个别非边际特征的市场行为也是由心理预期支配的，其典型的案例就是倒牛奶事件。早期的一些文献中揭露资本主义的黑暗与残酷时曾使用这样的案例：在资本主义经济危机时期，由于人们的消费水平大幅度地降低了，使得牛奶滞销，而当初的加工工艺和保鲜工艺都无法使牛奶储存到经济复苏、人们消费能力恢复的时候，于是资本家宁愿将牛奶倒掉，也不愿送给穷人。这在经济学原理上，是不符合边际理论的。如果从边际理论出发，资本家可以尽量降价，让这些过剩的牛奶实现部分价值，也能给资本家带来少量的回报，而选择倒掉牛奶，在现有的经济学理论上则是说不通的。对此，如果我们用有限理性前提下的心理预期理论，就可以解释——在有限理性下，资本家出于利己目的，希望市场对牛奶价格的预期保持不变。如果牛奶在变质期临近前降价到近乎赠送，则人们会形成牛奶价格的降价预期而等待牛奶变质期前的降价。如此，则保证牛奶生产获利的价格预期被替代，牛奶将不再以正常的、可以抵消成本并带来利润的价格销售，最终也必将导致牛奶厂商的破产。正是出于这样的预期，才出现了牛奶宁可倒掉也不赠送的行为。

理预期的收益完全被抬高的价格抵消。反之，当收藏者对某商品失去兴趣、不认为其购买可以带来预期收益时，该商品则退出市场。当吉芬商品成为消费者投资以求回报的准金融商品时，其替代效应则进一步反映出价格的失灵——价格上升越快的商品的需求越大，即预期收益高的商品替代预期收益低的商品。

第五，在股票、期货、房地产等具有金融性质的商品市场上，由于该类商品不是生活必需品，需求方以投资求回报方式进行市场行为，其心理预期主要参考投资成本与未来收益的差额。因此，无论供给是否显著不足或者已经过剩，当需求方的心理预期认为这一商品存在升值倾向并可在次期获取更多财富时，该商品的需求就会扩大，出现价格越高、需求越多的现象。这种现象会促使供给方产生收益扩大的心理预期，并扩大相关供给，如发行新股、提供新的期货商品或者建筑新住房。如此循环往复，直到利率提高、银根收紧等货币供给紧缩政策达到一定强度，使得需求方投资成本提高、可预见的次期收益被抬高的价格抵消为零甚至为负数时，其价格上涨态势才能停止。当股票、期货、房地产价格出现下降时，市场买卖双方会因各自的有限理性（包括信息）认识不同而有不同的心理预期，有的股票、期货或房地产的拥有者会选择抛出手中的商品来止损，有的则选择低价吸入这些商品以待其价格再次上升时牟利，甚至有人会选择高价回购以重新拉起市场价格。但当买卖双方的心理预期一致认为股市、期货、房市的价格下降已不可挽救、价格回升不能预期的时候，会出现持有者大量抛售而无人入市购买、价格越来越低的态势，最终导致市场崩盘。历史上历次金融危机大多属于这种市场状态，20 世纪 30 年代的世界金融危机、20 世纪 90 年代日本泡沫经济崩溃、2007 年来肆虐全球的美国次贷危机，无不如是。

综上所述，建立在有限理性基础上的、对次期收益的心理预期，是不完全竞争市场各种特定条件下市场行为成立的决定性力量。这不仅体现在吉芬商品的买卖行为上，也体现在一般商品的买卖行为上。其中，需求方的心理预期是在市场行为发生的时间上率先、在作用上具有决定意义的要素；而供给方的心理预期则是在时间发生上滞后、在作用上居于从动地位的要素。

四、双羽模型：市场的运行

1. 单商品动态模型

由心理预期这只真正的"看不见的手"决定的市场运行，可以抽象为整个经济社会内部需求方、供给方针对某种商品的心理预期与交易行为发生之间的关系。如图3-1所示。

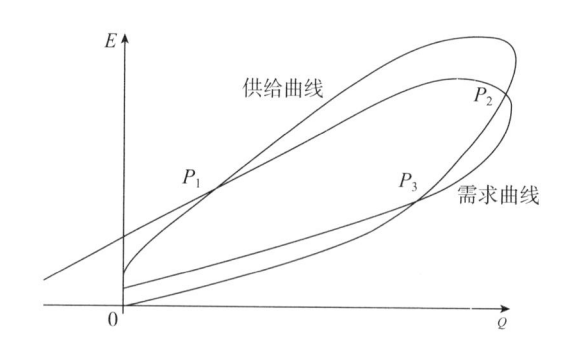

图3-1 心理预期决定市场交易行为的双羽模型

在这里，E为需求方或供给方对某种特定商品的心理预期量，Q为需求方或供给方对某种商品的需求或供给的数量，0点为心理预期值和商品数量两个轴的起点，P_i（$i=1,2,\cdots$）为交易行为成立时的价格点。

从需求曲线和供给曲线的动态趋势来看，需求方的心理预期早在某一商品问世前即已存在，就像钢琴问世前消费者存在对更美妙乐器的需要、汽车问世前消费者对更好交通工具的需要一样。当这种需要积累到一定程度，被供给方注意到之后，满足需求方的心理预期将会带来更为丰厚的利润并成为供给方的心理预期，于是供给方生产出某种特定产品，以满足这种需求方的需要。这种情形表现为：需求方、供给方在进入市场之际，其心理预期都不是零起点的，而是已经达到了一定值。

当商品进入市场之后，会出现三个基本的变动阶段。

第一阶段，需求方的心理预期不断上升。新产品的问世满足了人们潜在的新增需要，新奇的消费方式或者消费习惯在社会上扩展而成为时尚，刺激需求方在社会层面上产生更大、更多的心理预期，诱发供给方利润扩大的心理预期，推动生产扩大。在汽车等产品生产中还可出现因规模经济而导致单位产品价格下降但生产者总体利润提高的现象。这一阶段，新的消费模式通过示范效果得以在空间上不断扩展，使得整个社会的需求方通过购买某种特定商品而获益的心理预期上升，需求量扩大；使得供给方通过生产某种特定商品而获利的心理预期上升，供给量扩大。点 P_1 就表示这种情形。但供给方的心理预期快速扩大导致产品供给量快速超过需求方的需求量，是由于相对于需求方的散在状态而言，供给方基本上采取了集中的大批量生产方式。

第二阶段，需求方的心理预期开始出现转折。当某种特定商品经过一定时期——这个时期可能很短，有的产品会因更先进的产品随之而来的开发、问世而转瞬即逝——的市场行为之后，该产品为需求方带来获益预期的能力下降，需求方产生了要求替代该产品的新的心理预期，从而社会层面上出现对该产品的心理预期总体下降的态势。这使得市场上该产品的需求下降，促使供给方对生产该产品的利润预期也随之下降，供给随之减少，商品生产开始从高峰期回落。在这一阶段，是需求方心理预期开始出现下降、供给方的心理预期也随之下降的转折期。需求曲线和供给曲线从上一阶段到这个阶段，构成了倒"U"曲线。[①] 于是，在需求方心理预期回落的转折阶段，在供给方对需求方心理预期追踪、分析的过程中，双方可能出现在心理预期此涨彼落的各种偶然条件下——不排除需求方个体、供给方个体仍然处于心理预期上升状态——的交易行为。P_2就是其中的一种情形。需要注意的是，由于时滞的存在，P_2点可能只是供求双方心理预期值恰好相等的点，而不是实际相交的点。由于需求是第一性的，供给是从属性的，所以在这个转折期，需求曲线将率先转折，而后供给曲线才开始回落，其间存在的时滞长短取决于供给方的有限理性对需求方预期下降的判断速度和准确性，并将决定供给过剩的数量。但是，供给方大批量生产的特征会使其回落速度更快。

第三阶段，需求方的心理预期表现出稳定的下降倾向。当某种特定商品或者为新的替代产品冲击，或者不再显现其为消费者带来较大的消费者剩余的时候，需求方会持续降低对这种产品的心理预期，增加对其他新产品或对同类更好替代品的心理预期。这种需求方心理预期的持续下降，通过市场消费的减少反馈给供给方，降低了供给方盈利的心理预期，供给随之快速减少。这一阶段，需求方心理预期下降，需求量缩小；供给方的心理预期随之下降，供给量缩小。P_3也同P_2点一样，由于时滞的存在，它指两条曲线数值相同的点。同样，由于

[①] 对此，有的理论解释为产品生命周期，有的理论解释为生态环境限制下的生产倒"U"模型。库兹涅茨倒"U"理论、产业集聚的先集聚后扩散的倒"U"现象都是其在某一领域的体现。

供给方采取批量生产的方式,所以供给的下降速度也要快于需求的下降速度。

上述三个阶段构成了需求如何决定某一特定商品供给的产生与转折、结束的全过程。这一过程,在市场上体现为需求心理预期发挥终极作用下的供求关系变动。从需求方来看,这是需求心理预期由期待到满足再到厌倦而期待新产品替代的过程;在供给来看则是有关理论描述的产品生命周期;而当多个特定商品个体汇集为社会供给总量时,新产品开发彼此交错,直到多数产业缺少足够新产品来满足新需求、产业技术相对停滞的时候,这个过程就变成了经济周期中的中波周期(朱格拉周期);而当整个产业体系都缺乏足够的产品创新、技术创新来满足新需求时,这个过程就变成了经济周期中的长波周期(康德拉季耶夫周期)。

2. 多商品动态模型

在单商品双羽模型基础上,我们通过多商品动态模型可以进一步解析现实的市场活动中需求如何决定供给、供给如何回应需求的复杂过程。如图3-2所示。

首先,需求方对特定需要产生强烈的效用预期。这种效用可能是单方面的,如需要留下影像成为记忆,或者需要随时随地与外界通话保持信息畅通,或者可以看到或者听到外部的信息进入,或者以上的需要都兼而有之。这就是第一阶段的①②③所代表的效用预期。

而后,供给方注意到需求方存在这样强烈的效用预期,产生了足够推动其进行技术创新、产品创新的获利预期。于是,满足其中之一或更多效用需求的产品——1出现。从上文的举例出发,这一产品可能是仅满足消费者需要之一的移动电话。

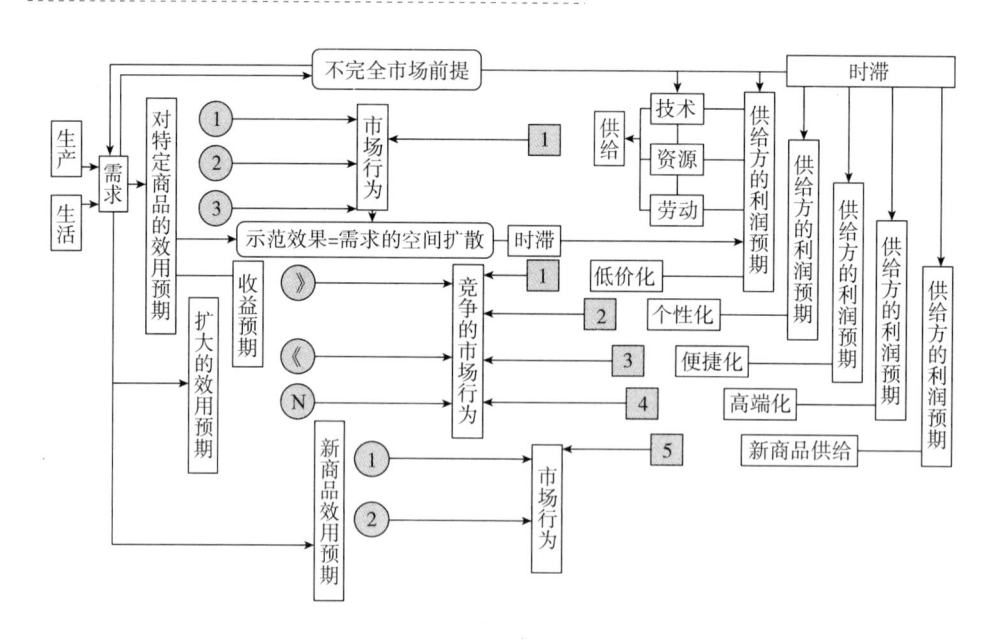

图 3-2 双羽模型的多商品动态

供给①出现后，满足了市场需求的部分效用预期，产品得到实现，通过消费的示范效果，实现需求在信息所及空间内的扩散效应，这一效果通过一定的时滞传递到供给方。早期的移动电话快速普及就是这个情形。

受到需求扩大的鼓舞，供给方最早的创新者以及追随者进一步通过规模经济、生产工艺改良等努力，推动产品的低价化竞争，进一步强化了产品的空间扩散效应。在满足消费者效用预期的基础上，进一步满足了消费者的收益预期，使得商品空间扩散效应大大增强。这一阶段，虽然商品价格下降，但大规模生产使得供给者的整体收益大大提升，使供给方产生了更为强烈的收益预期，刺激更多的供给方跟进。

随着供给方的追随者增加，适应不同消费人群的个性化、便捷化、功能提升以及多功能复合的产品相继问世，如图 3-2 中的低价化的①，以及具有个性化、便捷化、高端化的商品②、③、④，供给的竞争从价格竞争进入全面竞争阶段。从移动电话的发展历程中可以清晰地看到，移动电话的操作系统如何从按键平板，演变为按键翻盖，再演变成触屏平板；其功能如何从简单的通话、短信，演变成简单的照相机和电话合体，演变为像素不断提高的高性能照相机和电话合体，再演变成信息平台（从公共信息的电视、收音机到借助各种 APP 信息技术形成的个体信息的互动平台、个人健康生活等信息汇总的信息平台）、照相机、电话的合体。个别商品品牌还有特别坚固的特点，被消费者戏称为其具有砸石头或者挡子弹功能。

这一过程使需求方进一步产生了价格下降的收益预期和更多功能期待的效用预期，刺激全新产品的问世和替代。新的商品效用预期将带来全新产品5的出现。从移动电话而言，可能变成全功能的 AI 伴侣机器人，也可能变成可折叠弯曲的超薄智能机械。

上述多商品动态竞争模型反映了由需求方一类或几类合并需要诱发的一类供给的异质性形成及其市场实现过程。在现实中，由于需求方的需要无所不包，其对供给的预期也存在于方方面面。因此，上述多商品动态过程在每个领域都在同时出现，并共同构成了真实的市场活动全貌。

3. 心理预期的时滞问题

在现实的不完全市场条件下，心理预期对市场运行的作用过程存在着时滞（Time Lag）问题。对此，本节在单商品动态模型、多商品动态模型中都已涉及。其中，多商品动态模型中的时滞较为容易理解，而单商品动态模型的供求曲线动态交叉往往容易引起误解。在此，我们将分阶段说明其中的时滞现象。而关于时滞的形成原因，可以简单地总结为不完全市场要素的作用结果，具体哪些因素、如何作用则在此不予讨论，而由我们即将进行的后续研究加以深入探讨。

（1）供给预期产生的时滞。

在单商品动态模型——双羽模型中，市场上最先产生的是需求方关于商品的功能预期及价格预期，这个预期被供给方关注到并形成获利预期，往往需要一段时间。这段时间，包括需求被关注到的时间，也往往包括供给方对如何将需求预期转化为实际商品的可能性的预先判断——技术实现的可能性、成本与盈利预期等。这一过程在时间上的长短，因供给方对需求预期的关注与敏感程度而有所差异，更因供给方对市场总体的判断、技术实现可能性的判断而有所不同。如图 3-3 所示。纵轴 E 左侧需求曲线到纵轴 E 之间所对应的时间矢量，都可以视为这部分时滞。

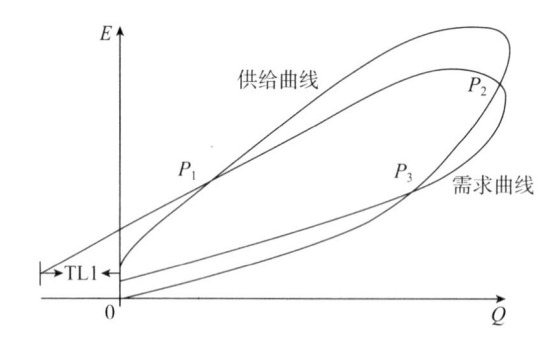

图 3-3 供给预期产生对需求预期的时滞（TL1）

（2）预期点 P_1 交叉后的时滞。

P_1 点是需求方预期与供给方预期的恰好一致的交叉点。在这一点，需求方对商品价格和功能的预期，恰好与供给方实现自己的利润预期时所提供给市场的商品的价格和功能一致。因此，这一点往往成为一个商品开始在市场上迅速扩张的点。这一点之后的供给预期会因市场上商品实现的快速扩张而产生更高的预期，但是这个更高的供给预期，并未准确反映需求预期所要求的价格及功能所能够带来的利润，因而这一阶段的供给预期与需求预期之间也存在着时滞。虽然这个时滞没有明确的时间矢量可以表示，但并不意味着二者随时间同步上升就没有时滞。事实上，供给方准确认识到市场上需求方的预期，仍然需要更多的时间，即必然在一定时滞后认识到需求方的预期的准确内容。如图3-4所示。

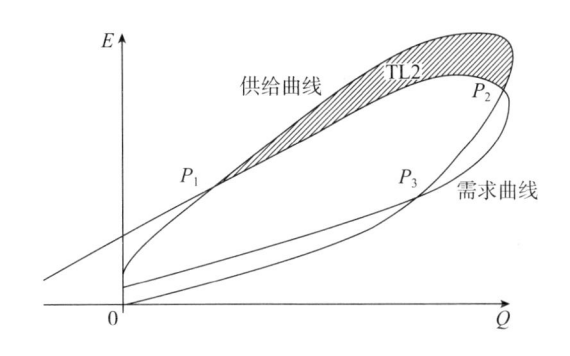

图3-4　供给预期对需求预期认识的潜在时滞（TL2）

（3）需求预期拐点的供给预期时滞。

上述第二阶段供给预期对需求预期的认知时滞，直接导致了在需求预期出现拐点、市场发生转变时供给预期继续上升，造成了显在的供给预期时滞。如图3-5所示。当需求曲线已经经过拐点下行之际，供给曲线仍然在高位继续按原来的趋势延伸。这里的时滞可长可短，但已经充分显在了，并导致了以后两条曲线的图上交点实际上并非真正的时间交点。

（4）需求预期回落后的供给预期时滞。

需求预期经过拐点回落后，经过一段时滞，供给预期才跟随需求预期，走过拐点。这段时滞的存在，使得两条曲线在此后一直存在着时滞的影响。图上的交叉点P_2、P_3，实际上并非真正意义上同时一致的交叉点，而是供给曲线在经过一段时滞后，恰好在P_2、P_3点上与需

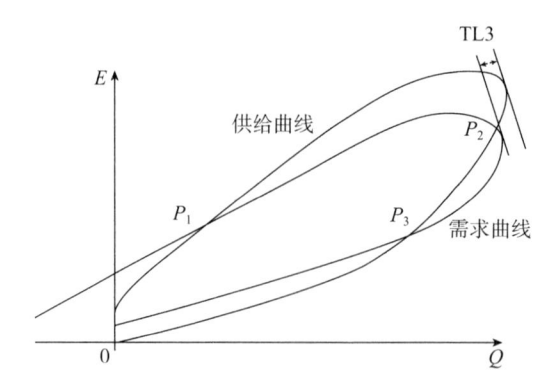

图 3-5 需求预期拐点的供给预期时滞（**TL3**）

求曲线曾经的值相等，而在这个时间点上，需求曲线已经下落到更低的点了。如图 3-6、图 3-7 所示。

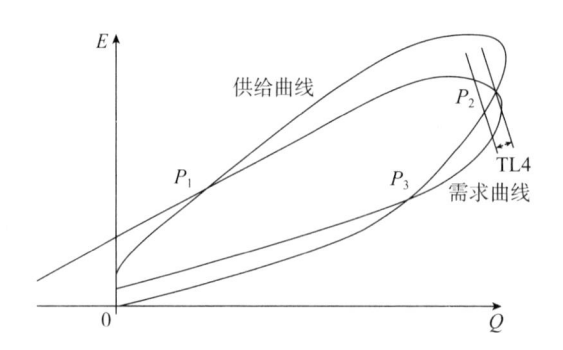

图 3-6 需求预期回落后的供给预期时滞（**TL4**）

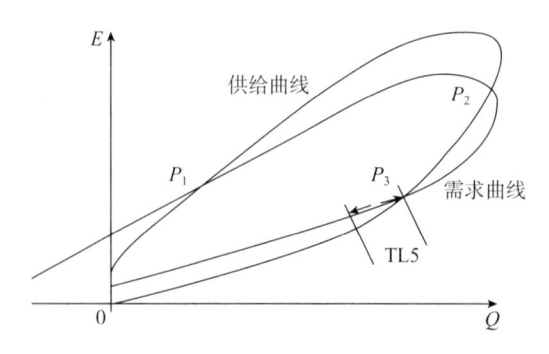

图 3-7 需求预期回落后的供给预期时滞（**TL5**）

4. 心理预期的定量分析

心理预期并不是无法统计的，借助基本的数学计算和大数据技术的汇总统计方法，社会需求的心理预期可以进一步量化考察。

从心理预期对整个市场的经济活动作用的数量把握来看，其与边际消费倾向相关但并不相同。边际消费倾向（Marginal Propensity to Consume，MPC）是指新增消费在每一单位新增收入中所占的比重。[①] 但是，MPC 主要反映了在收入增加情况下消费的增加弹性，虽然可以反映消费者对某种特定商品需求的倾向，但不能概括收入增加而消费总体支出没有扩大但对特定商品消费扩大或减少、收入减少但消费支出仍然扩大且对特定商品消费出现扩大或减少等情形，因而不能准确反映消费者对某种特定商品的预期的倾向。对此，本节借助边际预期倾向来弥补其不足。

边际需求预期倾向（Marginal Propensity to Expectation of Demand，MPED）是指在特定商品的新增消费数量在同期支出总额可购买商品数量中所占的比重与前期该比重的差。边际供给预期倾向（Marginal Propensity to Expectation of Supply，MPES）是指特定商品新增收益在新增供给总额中所占的比重。

$$MPED = C_{i(t+1)} / \sum C_{i(t+1)} - C_{it} / \sum C_{it}$$

$$MPES = \Delta R_i / \Delta \sum R_i$$

式中，$i = 1, 2, 3, \cdots, n$。C_i 为消费者购买特定商品 i 的数量（单位数），$\sum C_i$ 则为消费者新增支出总额可购买的该商品数量（单位数）。ΔR_i 为生产者供给特定商品的新增收益，$\Delta \sum R_i$ 为生产者新增收

[①] 通常表示为 $MPC = \Delta C / \Delta Y$。其中，$C$ 为消费，Y 为收入。Y 与 C 都是被视为长期增加的。

益总额。

具体而言,当消费者收入处于上升状态时,其购买某一特定商品 A 商品的支付能力也在增加。设消费者在其总支出可购买 A 商品10单位的情况下,购买了 A 商品2单位;当消费者总支出可购买 A 商品20单位的情况下,购买 A 商品4单位,则 A 商品的消费者边际心理预期值为 $0.2-0.2=0$。这说明,消费者对该商品的心理预期是与支出能力同步扩大的。这种情形下的商品,可以称之为同步商品。

如果消费者在消费者次期总支出可购买 A 商品20单位情况下,购买 A 商品1单位,则 A 商品的消费者边际心理预期值为 $0.05-0.2=-0.15$,说明消费者对该商品的心理预期正在减弱;若此时购买 A 商品8单位,则 A 商品的消费者边际心理预期值为 $0.4-0.2=0.2$,说明消费者对该商品的心理预期正在增强,高于同步商品。

反之,在消费者总支出减少的情况下,如果消费者在其次期总支出可购买 A 商品5单位情况下,购买了 A 商品1单位,则 A 商品的消费者边际心理预期值为 $0.2-0.2=0$。该商品为同步商品,仍然保持着上一期的心理预期。在可购买 A 商品5单位情况下,购买了 A 商品4单位,则 A 商品的消费者边际心理预期值为 $0.8-0.2=0.6$。这说明,消费者对该商品的心理预期正在增强,远远高于同步商品。当然,如果因收入下降而放弃购买该商品,则说明此时该商品的心理预期已经为负数,处于下降态势。

进一步从长期的边际需求预期倾向来看,当某一时点的边际需求预期倾向大于上一时期的该值时,说明市场总体上对该商品的心理预期处于上升阶段,生产者的边际供给预期倾向也会随之上升;反之,当某一时点的边际需求预期倾向小于上一时期的该值时,说明市场总体上对该商品的心理预期处于下降阶段,生产者的边际供给预期倾向也会随之下降。通常情况下,边际需求预期倾向具有先不断增加而达到一定峰值后逐步减少的特征；边际供给预期倾向也随之具有相似特征，但具有一定的时滞。如图3-8所示。

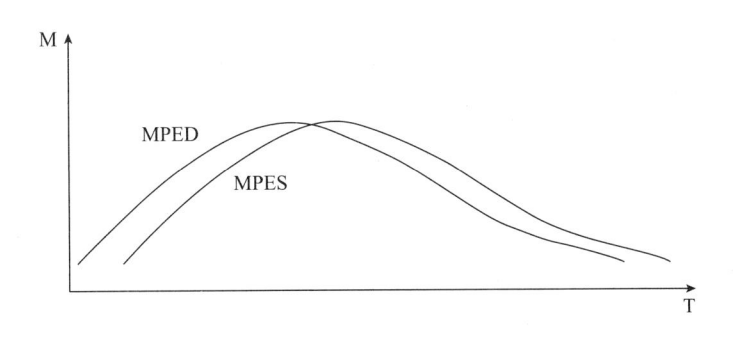

图3-8　边际需求预期倾向、边际供给预期倾向

总之，心理预期对市场的作用不仅是根本的、客观实在的，也是可以度量的，可用于实际预测的。传统市场理论以为是价格发挥了"看不见的手"的作用，只是看到了市场中供求都较为充裕的形态下的一种特殊情况。而用价格来作为衡量市场均衡的标准、衡量企业盈亏的标准，就不难发现，一旦商品价格异动，市场早已严重失衡；或者当厂商发现价格已不能带来利润时，生产过剩已经形成，并相当严重。

五、资源配置：预期的力量

配置资源是市场的基本功能。那么，市场是如何借助心理预期这只"看不见的手"来实现资源配置的呢？

市场行为中需求是第一性的，供给是第二性的，需求方的心理预期唤起供给方的心理预期来实现市场行为。因此，在这一过程的背后，从资源配置的角度来看，市场也是通过需求方的心理预期影响供给方的心理预期的过程来实现的。也就是说，需求方通过市场反馈其心理预期信息，调动供给方使用相应资源来增加或减少供给总量以满足需求总量的扩大或减少，同时提升供给的品质、特性和科技含量来满足需求方个性化、高端化、便捷化等需求升级的要求，并撤出已不能适应需求方上述要求的供给。因此，市场的这种资源配置的终极目标，就是让供给在数量、结构、品质、功用等各个方面完全符合需求，最大限度地减少资源的浪费和过剩生产，实现需则有应，供则有用。

但是，在不完全市场条件下，市场通过心理预期进行的资源配置并不能实现需求和供给的完全耦合，而只能最大限度地接近需求方的充分满足且无过剩的最佳状态。这是因为：

第一，信息对称性决定了资源配置的准确程度。受大众消费社会的实现程度、信息技术的发达程度、区域异质性的大量存在等的制约，需求方的话语权很难在所有生产生活领域实现，需求方的心理预期也很难准确地传递到供给的所有领域。这必然导致靠主观臆测和习惯判断来构建其心理预期的供给行为。

第二，人类对自然、社会认识的有限理性决定了资源配置的选择方向。由于人的有限理性的存在，一方面使得需求方对自身到底有什么样的需求预期很难把握准确，冲动、片面、偏好等有限理性的影响以及对消费预期升级认识的迟缓，会导致其对供给预期的错误引导；另一方面，供给方因对自然认识不足而导致的产业技术的局限性既可能出现资源浪费，也会因社会制度（包括伦理和社会惯例）的制约而采取并非最佳的供给方式。例如，为满足取暖的需求预期，供给方曾采用燃烧木材、煤炭、石油等破坏环境并不可持续的资源，而至今太阳能这种清洁并可持续的能源也没有得到足够的应用。

第三，生产方式的存在方式决定了资源配置的数量差异。长期以来，供给过程受生产方式的制约。农业因生产周期长、信息不对称而常常出现米贱伤农等盲目生产带来的生产过剩；工业因机械化大生产的运行方式，也往往出现过度生产的现象。随着大众消费社会的成熟，需求方的力量开始展现，加之信息技术的进步，需求方的心理预期越来越多、越来越快地实现其对市场的决定性作用，要求供给方采取柔性生产体制，实现更加精准的供给。

第四，心理预期传递的时滞决定了资源配置的效率高低。长期以来，由于信息不对称现象的存在、信息传递技术（包括信息对称平台）发展的制约以及空间异质性带来人们相互了解的困难，需求方的心理预期即便以完整而准确的内容传达给供给方，也存在着不可避免的时滞。这使得需求方的心理预期诱发供给方心理预期的周期拉长，带来符合需求方最新欲望的新供给迟缓，而这也意味着已经失去消费欲望的旧的供给的过剩。

第五，需求作为根本性的决定力量，其无限扩大的本质特征使得其成为市场体系中最具革命性的力量。只要人类无限扩大的欲望存在，人类对供给的预期就会无限地扩展下去，新的需求预期层出不穷，将给供给方带来不断创新的动力，推动供给方不断去满足需求方的预期。这是人类社会发展的机理所在，也是市场经济不能实现供求彻底均衡的根本原因所在。

总之，市场资源的配置是需求对供给的作用结果，而需求对供给的作用是需求方心理预期对供给方心理预期的作用结果。在此，心理预期发挥了关键的作用。

六、承认现实：市场的失衡

传统市场理论所推断的市场出清从未出现，相反，却有频繁的生产过剩危机发生。对此，西方经济学者已有较多的讨论，理性预期不能完全实现是其公认的原因。但事实上，传统市场理论对"市场失灵"解释的苍白，是其理论前提的荒谬所致。

笔者认为，市场失衡是不可避免的。因为现实中从未存在过完全竞争市场，消费者和生产者的理性预期在现实中是有限理性，并不能实现对市场的充分预测，使得信息的不对称性不能得到根本解决；同时，空间及其异质性的客观存在，也是市场失衡的重要原因。

第一，需求的心理预期是市场的决定性力量，但需求方的心理预期只能通过市场上需求的变动来把握，而需求在市场上的表现，受供给的制约。这是因为，需求只有通过购买才能成为需求。需求的自我实现过程，同时也是供给的实现过程。二者之间的这种对立统一、相互成立的关系，使得需求必须借助供给实现，而供给则因有限理性而不能完全符合需求的心理预期，只是尝试去满足它。因此，供给与生俱来地无法准确地把握需求真正想要什么。加之，需求方是散在的个体的集合，供给方则是以专业分工为基础的、以批量生产为基本模式的集中供给方式。市场上产品的日益丰富，使得大量需求方的心理预期通过替代产品得到满足，需求方真正期待的需求往往被掩盖。这些都使得供给往往出现超越需求心理预期来扩大生产的情形。

第二，经济人的有限理性，使得参与市场的需求方和供给方都受到各自有限的经济学认识、市场规律认识的影响。在一定技术条件下，信息的不对称性加剧了有限理性对市场需求认识的局限性，特别是供给方对需求方心理预期带来的市场动态认识的局限性，使得其生产规模既不能完全符合市场需求总量，也不能满足细分市场的结构性变动的要求。同时，供给方对需求方心理预期的把握总是不可避免地存在时滞。加之，供给方批量生产的供给方式，使得供给总是以快于需求的速度增长。于是，在供给方心理预期的时滞和批量生产体制的双重作用下，生产过剩不可避免。另外，随着大众消费社会的形成和结构升级，科学技术日新月异，人们对物质文化生活的需求也越来越出现多样化、个性化、高端化倾向，生产过程更趋于大批量的自动化、精密化，这种供给超过需求的倾向更加显著。

第三，人类生产活动必然依存于特定地域空间，而空间的有限性、异质性决定了人类经济活动的方式必然存在异质性，这进一步导致市场失衡的发生。首先，从历史的发展进程来看，空间的异质性决定了人们的需求先由特定空间所拥有的经济要素来满足，从而使得特定空间下生存的人们的需求偏好不同，仅靠价格的指引不能完全反映这种需求偏好对供给的限制。空间距离的存在，强化了信息的不对称性，增加了信息搜索成本，使得需求方的心理预期更加难以把握。其次，由于空间的异质性和空间距离的存在，生产活动更乐于选择具有区位优势的特定空间进行，由此形成集聚经济优势，更有利于规模经济的形成和扩大。这种经济活动一方面推动规模经济的扩大，使得供给以快于需求的速度增长；另一方面借助供给方追求利润最大化的心理预期，助长垄断的形成，而高额的垄断利润则阻碍了创新，使得陈旧的产品在需求方心理预期已经饱和之后仍然长期占据市场，加剧了生产过剩现象。最后，特定地域空间的相对独立特征，从历史上培育了建立在特定地域空间的独立行政体。在市场经济条件下，这些行政体作为拥有行政主权的现代国家，为保护自身利益，往往设置各种关税与非关税壁垒，阻碍市场行为的自由发生，也阻碍了有效供给对区域外需求的满足，造成了政策性的生产过剩。

第四，需求总量不可能因供给的扩大而产生等量的增加并实现市场出清。首先，从经济增长过程中体现出来的供给市场价值总量一直是大于需求总量的。在现代经济运行体制下，特定商品供给的市场价格总量为商品生产成本（包括物质成本和劳动时间成本）与资本的剩余价值（利润）的总和。其中，劳动时间成本即工资，作为劳动者（包括生产者和经营者）的报酬在劳动力商品得以实现后获取，并转变成为需求方的市场支付能力。因此，不可能出现在市场价格总量中只占一部分的支付能力在总量上等于或者超过市场价格的情形。其次，参与分配的工资和利润部分并不是平均分配到每个市场消费者手中的。资本的拥有者往往占绝大多数，经营管理者、脑力劳动者、一般劳动者所得则只占很少部分。加之，在特定产品市场上，这些支付能力也不会全部投入其中，这更使得市场中支付能力总量远远低于供给的价格总量。最后，基于区域异质性需要的客观存在，使得特定产品的供给并不必然在所有的区域市场都能得到足够的需求响应。换言之，需求所与生俱来的个性化特征往往被大批量生产出来的供给品忽略，特别是在社会化大生产体制诞生以后相当长的历史时期内，需求的心理预期被需求方有限的支付能力压制，不能对抗现有技术水平下的供给，不得不屈从于供给所提供的有限的消费来选择其消费的商品及其组合。这在表面上造成供给满足了需求的预期的假象，使得供给方坚信他们所提供的产品能够满足市场需要，相信供给能够创造需求。[①] 这样，结合上述规模经济、垄断经济等要素的影响，供给最终还会由于其盲目

[①] 供给创造需求的理论之所以失败，就是因为它没有看到市场上的消费者一方并不拥有足够的支付能力，而支付能力也未能在有消费需要的人群间得到合理的分配，更没有看到市场的决定要素是需求，需求的根本决定力量不是人们是否拥有足够的支付能力，而是人们的需要，是人们是否真正需要这个商品。

自信，而导致与需求的预期差距越来越大，造成供给自身独自膨胀而导致生产过剩。

因此，市场上供给必然出现总量或结构性的生产过剩，决定了市场失衡的必然出现。我们之所以将这一基本判断称为市场失衡（Market Imbalance），而不是叫做"市场失灵"（Market Failure），是因为"市场失灵"是一个专用于表述市场调节失败的经济学词汇，而这个词的背景在于经济学理论确信市场本来是"灵"的，是可以实现出清的，而分析表明，市场本来就不可能"灵"，也从来没有"灵"过。正因如此，传统市场理论探讨"市场失灵"，在方法论上仍然是基于其关于市场经济可以实现自我均衡的理论思维方式，是不科学的。

七、必然选择：市场的管理

从现实的不完全市场理论前提出发，能够更加清楚地认识到市场失衡的必然性。正因如此，对市场的管理也有其客观存在的必然性。

在迄今为止的人类经济活动发展进程中，市场的管理经历了自给自足、自由放任、需求管理、供给管理四个大的阶段。事实上，即使在早期阶段，市场也并非完全真空的无管理状态。对个别特定商品市场的管理（资本主义前对粮食、食盐等的管制），对国际市场的管理（资本主义初期的贸易自由化、贸易壁垒等），都曾长期存在并影响着市场均衡。人类经济活动的实践证明，市场管理的核心在于供给管理，而非需求管理。

1. 自给自足

自给自足的历史阶段，是从早期市场形成直到资本主义机器大生产方式出现前的这一历史时期。正如马克思所论，需要是经济活动的根本动力。生产技术在需要的推动下，一步步地艰难前行，一点点地满足人们的物质文化生活需要。受技术水平的影响，人们对消费的欲望虽然"海阔天空"，但其对市场上可能的供给的心理预期无法超越当时所能提供的产品太多。因此，这一时期的需求的心理预期基本上是追求食、衣、住、行等基本生活用品的丰裕和简单生产工具的获取，并通过区域市场推动供给得到满足。这一历史阶段供给满足需求心理预期的基本方式是农业满足食物需求为主，手工业满足农业生产工具及日常生活所需，量小且类寡，生产周期长，生产过剩少，甚至由于生产技术低下多次出现粮食供给不足的情形。因此，这一时期的管理经济政策目标重点是扩大粮食供给，以维护封建统治的安定。

自给自足的时代，粮食是关系国家命脉的根本性商品。由于自给自足经济的生产者——农民阶层的衣、食、住、行等各种生活必需品都要靠他们自己来供给或者以粮食的剩余产品进行交换来满足需求，其最基本的产品——粮食就成为最核心的供给。粮食既要满足生理上最基本的需求，还要有剩余来进行交换，而这一切都是要在完成赋税后实现，这就要求粮食供给必须有足够的总量。但由于封建领主、官僚、商人阶层的数量庞大，消费水平又大大超过了生活必需品的范畴，使得农民的粮食供给往往无法支撑整个社会的需求总量。中国历史上的王朝更迭，往往表现为因粮食供给不足而产生出的周期循环：王朝兴起之初，政简民安，经济恢复，随着生活富庶起来之后，贪腐奢靡之风起，浪费侵夺之害兴，苛捐杂税之弊重。这一切最终都要靠农业生产负担。于是，农业生产压力逐渐增大，积弊日久再加上天灾人祸，

第三章 心理预期：市场的支配者

则民不聊生，不是难以抵御外敌，就是起义蜂起，于是王朝覆灭。而后，一场大乱，归于大治，再简政安民……循环往复。欧洲的情形也不外于此。因此，这个时代的有为政府，基本上是以促进粮食生产为主业，而这种供给管理的深层则是基于需求预期底限的刚性。

2. 自由放任

以珍妮机、蒸汽机为源技术[①]的第一次工业革命资本主义大工业生产方式得以确立之后，市场管理方式进入自由放任阶段。工业革命一方面实现了纺织品的大量供给，另一方面也带动了交通运输机械、煤炭、钢铁、机械制造等产业的快速发展和其生产资料的大量需求和供给。需求在消费领域受到的影响主要在纺织品领域，但纺织品是生活必需品，其心理预期仍然受传统意识束缚，工业化的供给迅速超越了其对数量和品质的预期，这使得纺织品生产无须考虑市场需要的预期。与此同时，大规模生产体制造就了大规模的供给，供给数量之大从最初就已超越了区域市场，必须以世界市场为前提，生产过剩已成必然。关于生产资料的需求预期则快速膨胀，推动相关供给飞速增加。但当时直接生产消费资料主要是以纺织业为中心，其他生产、运输部门基本上是为这一部门服务的。消费品市场的局限性，决定了包括生产资料供给部门在内所有供给必然出现生产过剩。在此背景下，这一时期提出的传统市场原理认为，市场可以通过自己的价格调整实现均衡，不仅是其对经济活动认识的局限性所致，也是其力求推进市场扩大、保障资本主义生产的意图所在。

这一时期的市场管理主要采取政府放任的方式。对外，推行自由

---

① 源技术是指诱发产业革命的初始性重大创新技术。相关内容参见：赵儒煜. 产业革命论［M］. 北京：科学出版社，2003；赵儒煜. 从破坏到共生——东北产业技术体系变革道路研究［M］. 长春：吉林大学出版社，2005.

贸易政策，实际上是其为实现自身市场出清而采取的一种市场管理方式，并不管其他国家能否真正实现市场出清。对内，则任由市场在繁荣期疯狂地扩大生产，然后在长期衰退中自然吸收过剩产品，直至新的经济复苏重新启动新一轮生产过剩的周期。因此，这一时期，无论在理论上，还是在政策上，都以主要供给者资产阶级的利益为核心，专注于供给的实现，而忽视了需求的决定性作用。当然，就供求的总体市场而言，市场出清从来不可能出现。

以电力、内燃机、石油为源技术的第二次产业革命，汽车、电灯、电报等新的供给全面改变了日常生活用品的形态，带动了全面城市化的进程，大众消费社会开始形成。生活必需品的心理预期得到强大刺激，新的供给迅速在市场上得到实现，传统市场理论可以实现市场出清的说法看似得到了现实的印证。但是，大规模的生产方式使得生产过剩仍然无法避免，世界市场的争夺逐渐积累矛盾，演化为第一次世界大战、第二次世界大战等战争形式。

3. 需求管理

需求管理起于第二次世界大战结束后。经过两次沉痛的战争，人们对经济活动及战争的反思催生了以凯恩斯主义为代表的管理经济思想。由于凯恩斯主义只是传统经济学的基本框架下的反思，没有意识到需要是具有决定意义的第一性力量而供给才是可管理的领域，所以凯恩斯主义认为经济危机的出现的原因在于有效需求不足，因而采取了管理需求的方法。

与此同时，以微电子等产业技术为源技术的第三次工业革命使市场供给进一步深入人们生活的各个角落，大众消费社会开始趋于成熟。在供给领域，收音机、洗衣机、冰箱、电视机、以电子计算机为基础的办公机械、产业机器人相继问世，不仅解决了人们日常生活中的传统消费品的替代，而且逐步实现着对人们日常劳动、生产劳动的替代。这些供给在种类、规模和品质上的增加，推动大众消费社会的成熟化。在需求领域，一方面，人们的支付能力伴随着经济增长日益提高，虽然依旧不能解决需求总量低于供给价格总量的问题，但已经具备了在特定产业、特定产品领域进行结构性调整以主动引导供给的能力；另一方面，人们已经不再满足于统一样式与功能的大众化产品所能满足的需要，开始展示需要的异质性特征，选择体现消费个性、满足特定需要的产品。在上述背景下，第二次世界大战后的市场经济是需求伴随经济增长而走向社会化并开始主动引导供给，供给全面提升并在需求刺激下逐步多样化、个性化、高端化。

这一时期政府的市场管理方式是以凯恩斯主义为主导、主要应用于经济危机阶段的需求管理。这里所谓的需求管理也不是全部有效需求的管理，更不是全部需求管理，只是发生在危机的特定时期、针对公共基础设施等政府可以调控的需求部分的管理。从总体上看，通过政府主导的公共投资刺激市场相关需求，以期通过"乘数效应"来缓解危机打击。因此，危机期间的有效需求管理作为一种有效的危机对策而受到决策者的关注，并被延续下来。但事实上，自大众消费社会成熟之后，需求在整个周期里都在蓄积力量来推动供给的改变，而供给管理也在企业层面上借助企业的市场营销渠道来探索需求动向并越来越以市场需求为基准来进行调整和改善。这种情形的发展，为20世纪90年代以后市场管理方式从需求管理向供给管理的过渡做出了有益的尝试和物质上的积累。

4. 供给管理

供给管理是市场管理的更高级阶段，是以满足人们物质精神需要为目的，以市场需求为导向的市场管理方式。长期以来，需求对经济活动的决定性作用，被为资本服务的传统市场经济理论压制，被有限的信息技术掩盖，市场机制被人为地描述成供给决定需求或者供求双方共同决定的过程。但随着生产力的进步和人们消费结构的升级，需求对经济活动的决定性作用在社会经济走向中高级阶段的过程中会逐步显现出来，成为社会主义按需生产的制度设计的物质基础。

供给管理与凯恩斯主义主要用于应对经济危机冲击的有效需求管理不同。一方面，供给管理可以广泛适用于经济活动的各个周期阶段；另一方面，这种精准的供给管理既体现在企业的生产、技术创新、市场营销等经营活动中，也反映在政府的管理职能的进步上。

供给管理的核心不是对生产体系的盲目改造，而是以需求为依据，根据需求的心理预期而进行的有预见、精准的生产体系创新、调整、升级。供给管理方式的产生，需要两个基本前提——社会需求强大到足以展示异质性、超前性的心理预期并迫使供给不得不关注这些需求倾向；信息技术的革命性发展足以支持需求方快速、具体、直接地反映其心理预期。在这两个前提下，直接对应需求、对应需要的供给管理首先在生产力领域引发以企业为主体的市场活动模式变革；其原因有以下两个方面：

其一，社会需求成长到了超越大众消费阶段，整个社会需求的心理预期不再满足于大批量、等规格、同功能产品的供给，需要的心理预期所具有的个性化、异规格、多功能等异质性乃至其超越现有技术能力的超前特征都开始直接呈现出来。在这一阶段，伴随着经济增长，人们的需求能力也在增加，虽然需求的支付能力在总量上仍然不及市场供给要求的价格总量，不能实现整体上的市场出清，但是大众消费社会已经发展到一定程度，需求在发达和较发达地区市场上已经在特定供给领域蓄积了足够的实力，可以通过对市场供给的挑剔和选择，来体现个体消费者需求心理预期固有的异质性以及超前性。这一倾向在20世纪80年代末即已出现，但发展缓慢，以需求方的心理预期为直接指导进行的生产活动直到21世纪初大数据、互联网技术得以广泛运用之后才得以扩展。其中，服装、日用品、汽车等产业通过柔性生产体系的构建正在积极地向客户定制的智能制造迈进。

其二，现代信息技术的飞跃发展，充分保障和支持了需求方的心理预期可以通过充分有效的技术手段快捷、具体、直接地传递到供给方，使之充分了解需求对特定产品从供给总量到产品性能、规格、样式等方面的心理预期，以促使供给方改变生产方案、改革生产技术，甚至调整产业体系。自20世纪90年代以来，IT革命使互联网迅速覆盖了世界上主要经济体，并不断扩展到全世界。信息技术的这种进步，首先使足够数量的消费者得以利用这一技术来传递、表达心理预期。其次，信息技术进步推动电子商务、物联网、信息服务等产业的发展，直接联系生产与消费双方的信息平台大批出现，便利了消费者对特定产品心理预期信息的传递。最后，供给方的生产体系借助IT技术，通过柔性生产体系的建设，得以实现智能生产，具备了及时反映消费者心理预期调整供给方式的条件。

在上述背景下，需求方的心理预期借助IT技术对市场信息传递的便捷化、广泛化、具象化，逐步促成供给方自觉、自发地依据需求的心理预期来形成其自身对供给的心理预期，从而能够实现市场的按需生产。供给方个体根据需求的自主管理，是企业为主体的情况下的自觉行为，由企业个体行为逐步汇总为社会力量，并改变整个经济活动中的市场管理方式。

与此同时，大众消费社会的形成、信息技术的飞跃发展，在高度自觉的社会文明、社会制度下可以进一步形成由政府代行的、以满足社会需求为目标的、动态而精准的供给管理模式。于是，政府主导的市场管理也主动从简单的调动有效需求来应对经济危机转向更高阶段的供给管理——通过对需求心理预期的把握来主动调整供给体系——来管理经济全周期的运行。一方面，努力提高供给方对市场把握的精度，依据社会需求的总量和结构变化来调整社会供给的总量和结构。特别是在当前大数据、云计算等现代信息技术突飞猛进的背景下，对需求的个性化、高端化、便捷化等结构升级的动态把握将更加便利和准确，使供给更容易适应需求的要求，进而推动供给朝着按需生产的方向发展。另一方面，积极跟进社会需求中对环境保护、资源可持续发展的群体需求，有意识地推动社会供给转向清洁生产、资源节省的方向，保障整个社会经济活动的可持续性。

5. 回归市场

随着大数据、云计算等信息技术在经济生活中的广泛而深入的应用，市场中的信息对称性将得到极大改善。在有限理性前提下，盲目生产以满足需求心理预期的供给将大幅度减少，市场自身的调节作用开始显现出来。因此，政府的市场管理职能也会相应地发生转变，在供给管理基础上，进一步将政策重心放在三个主要领域。

第一，重点改善市场信息不对称状况，大力发展信息对称化平台的建设。市场的信息对称，不仅要有充分的需求心理预期的显示平台，还要有最大限度地展示供给能力的技术平台。只有这样，供给方才能既了解需求的方向，做到按需生产，又能避免重复投资，过剩生产。在整体上，实现市场供需之间逐步接近均衡。

第二，以无差别的公共供给管理，保障对社会可持续发展的需求得到充分的满足。从市场供需均衡的角度看，即便信息对称性极大提高，市场供需二者之间在总量与结构上的差异虽然可以逐步缩小，但差异总是会存在的，因此对过剩供给产品的再利用成为社会可持续发展的重要领域。为此，循环经济应是公共政策的一个重要的组成部分。同时，资源环境的可持续发展是人类生存的基本需求，关于资源环境的公共政策也应延续，并逐步调整、深化。另外，供给管理的范围还应包括教育、医疗、卫生领域。

第三，维系国家存亡的经济安全政策不能放弃，特别是关于粮食产业、重大基础产业的稳定健康发展，应是供给管理中不可忽视的内容。在当前的历史阶段，这些产业收益往往要比直接面对消费品市场的一般工业品低、生产周期长、技术进步慢，市场机制的调节作用也相对不够显著。但这些产业关系到国计民生，在市场作用尚未调整其达到相对均衡点之前，应给予足够的扶植，以保障国家经济安全，为整个市场运行创造安定的经济环境。

八、大道至简：预期支配

在现实的不完全竞争市场前提下，市场交易行为的最终决定者不是供给，而是需求。真正决定市场行为的"看不见的手"是心理预期。需求方的心理预期是在市场行为发生的时间上率先、在作用上具有决定意义的要素，而供给方的心理预期则是在时间发生上滞后、在作用上居于从动地位的要素。心理预期对市场的基本作用机制就是需求方的心理预期提高，则需求量扩大，供给方心理预期随之提高，供给随之扩大；反之，需求方的心理预期下降，则需求量减少，供给方心理预期随之下降，供给随之减少。正是由于不完全市场的客观存在，市场失衡是不可避免的，市场的管理也有其客观存在的必然性。当前，社会经济发展已经达到供给管理阶段。一方面，市场的管理应从低级的、为供给服务的需求管理转向高级的、科学的、为需求服务的供给管理，从整体的、概数的供给管理转向严密的、精确的供给管理，在当前大数据、云计算等现代信息技术支持下推动供给朝着按需生产的方向发展，逐步为科学技术高度发达、人们物质文化生活水平高度发展条件下的按需分配积累、奠定物质基础。另一方面，为满足社会需求中对环境保护、资源可持续发展的群体需求，供给管理要有意识地推动社会供给转向环境共生的方向，满足整个社会永续发展的需求。

第四章 尊重市场的供给侧结构性改革

供给侧结构性改革，是中国政府在 2008 年金融危机应对过程中，针对经济新常态下既要应对经济危机打击又要迎接新产业革命挑战的客观需要，提出的经济调整战略。供给侧结构性改革，虽然名为供给侧，但实际上并不是供给经济学的政策化，而是中国政府敏锐地抓到了当前市场运行所暴露出来的本质特征，主动调整供给使之符合需求的心理预期，在调整规模和结构的基础上逐步向构建新产业体系的目标迈进。因此，供给侧结构性改革在本质上是以需求为导向、符合市场运行机制的供给调整战略，它标志着中国政府的市场管理方式已经超越了以供给为依据的有效需求政策，进入了高级阶段。

一、回归需求主导

市场的成立乃至运行，其第一决定力量是需求，供给是因需求而生的，因需求的存在而有意义的，供给的规模与结构都受到需求的直接制约。在市场运行过程中，供给不能创造需求，反而不可避免地存在过剩生产的倾向。因此，供给只有牢牢把握需求心理预期的导向，在总量、种类和结构上尽量保持与需求的接近，才能实现市场的相对均衡，避免大量的生产过剩。

但是，自传统市场原理学说诞生以来，需求在市场上的决定性作用没有得到足够的认识，以劳动时间、分工、资源禀赋为基础的生产优势等强调供给决定作用的理论层出不穷，甚至出现了宣传"供给创造需求"的萨伊定律。在这些理论的指导下，工业化时代的市场经济从最初就是为资产阶级服务的，就是唯资本家利润马首是瞻的。

亚当·斯密（1776）的理论，充满了对供给的尊崇。在他的理论中，价格是由供给——劳动时间——决定的，而市场出清是供给全部实现，似乎与需求是否得到充分满足没有关系。市场就是供给和需求之间的博弈：供大于求，则价格上升；供小于求，则价格下降。资源最佳配置的实现是在价格作用下——价格是"看不见的手"——资源在供给部门之间的流动。自由竞争使得各部门之间形成统一的利润率，这就意味着供求完全相等，市场出清。更进一步地说，国际分工的基本原则也是由供给决定的——某国生产某种商品在劳动时间上具备绝对优势，则可以该商品参与国际分工，而这种优势的形成，可以借助分工实现，分工可以提高劳动的熟练程度、可以缩短工序间的转换时间，可以推动机械的采用。

此后的经济学家相继继承了对供给的推崇。大卫·李嘉图（1817）在斯密理论的基础上提出了"相对成本说"，以掩盖斯密理论专门为英国鼓吹自由贸易的学术局限性——即便一国没有处于绝对优势的产品，也可以其相对优势的产品参加国际分工，同样可以实现劳动的节省。

俄林（1933）的资源禀赋论则更进一步，直接宣称国际分工的成因在于供给方面的资源禀赋。俄林认为，消费者的需求和渴望、影响个人收入乃至需求的生产要素所有权、生产要素的供给等决定商品的

第四章 尊重市场的供给侧结构性改革

供求关系，进而决定价格差。但俄林宣称，虽然需求条件不同会产生影响，但有时地区之间生产要素的巨大差异也会对贸易起着决定性作用。生产要素（土地除外）在所有商品中的比例相同这一假设对该理论是非常重要的，任何修正都不能忽略这一假设。由此，俄林排除了除生产要素的供给（资源禀赋）外的其他因素的影响，使资源禀赋论得以成立。[1] 俄林理论具有人为地利用假设和忽视排除理论前提的逻辑错误，随后即为里昂惕夫（1953、1956）做出的经验验证所批判，但资源禀赋论仍然占据着重要的学术地位，相反，里昂惕夫的证伪却成了"里昂惕夫之谜"。

凯恩斯（1936）的"有效需求"理论比古典理论有了巨大的进步，但其出发点仍然以供给为中心。[2] 凯恩斯认为，总需求函数与总供给函数交点的值即为有效需求。有效需求来自厂商利润最大化的决策，由此将决定产出和社会均衡的就业量，因而才算做"有效"的需求。社会非充分就业的存在便是由有效需求不足导致的。有效需求不足形成的原因可以从消费和投资两个方面分析，其根源在于人们的三个基本心理：边际消费倾向递减、资本边际效率递减和流动性偏好。但是，只有在厂商实现利润最大化的前提下，供给所决定的就业量带来的需求才是"有效需求"。因此，尽管凯恩斯推翻了传统经济学中市场机制能够自动实现就业均衡的观点，但他仍然把供给方的利益放在了第一位。

随着人类经济实践的深入，以供给为第一性的思维方式逐步暴露出其理论局限性。市场开始露出其真实的面目——需求是第一性的。这就要求人类经济社会主动将市场管理模式从以供给为出发点的"自

---

[1] 俄林. 区际贸易与国际贸易 [M]. 逯宇铎等, 译. 北京：华夏出版社, 2008.
[2] Keynes J. M.. The General Theory of Employment, Interest and Money [M]. London: Macmillan, 1936: 2.

由放任"和"有效需求"管理转向以需求为出发点的供给管理。

在此,中国的经济实践已经走在了理论前面。2015年中国的中央财经领导小组第十一次会议首次提出了供给侧结构性改革,随后中央经济工作会议强调,为推进供给侧改革,要抓好"三去一降一补"——去产能、去库存、去杠杆、降成本、补短板——五大任务。2016年1月,在中央财经领导小组第十二次会议上,习近平总书记提出五个"搞清楚",明确了供给侧结构性改革方案的基本路径。

供给侧结构性改革是中国政府在初步完成应对金融危机的直接冲击后的一项重要举措。它标志着中国政府的市场管理政策从依据凯恩斯主义的有效需求政策进行危机管理的阶段,步入了供给管理的市场管理更高级阶段;从以供给为依据的市场管理模式向以需求为导向的市场管理模式转移。

在此,"三去一降一补"是基于世界市场(包括中国市场在内)需求与中国生产体系供给之间的矛盾而提出的供给调整战略。其中:"去产能""去库存"主要是针对中国一般工业品超过世界市场需求总量而确定的基本方向;"去杠杆"主要是针对房地产等特定产品市场供给远远超过需求而产生过热现象中出现的金融化、泡沫化倾向提出的;"降成本"是针对世界市场需求疲软而我国相关产业劳动生产率低下、成本过高的现象提出的。以上四个政策,都是针对市场需求可以借助现有供给得到满足但存在数量和价格差异而制定的,而"补短板"则是针对市场上需求在现有供给不能提供相应产品的情况下,要求中国企业借助技术升级、技术创新、产品创新、产业创新以满足这些新需求。

由此可见,供给侧结构性改革在本质上是以需求为导向的供给规模调整和结构升级战略,是通过新产业体系构建来化解已有供给不能满足需求、供给过剩等市场失衡而采取的积极的产业政策。

二、尊重市场规律的管理

市场是必然失衡的,因此,市场管理必不可少。尊重市场规律,并不是放任市场自我调节,而是按照市场规律进行必要的管理。市场是需求决定的,尊重需求,按需生产,就是尊重市场规律。当供给背离了需求,管理供给使之回归到需求上来,使之在总量和结构上符合需求的要求,就是对市场规律最大的尊重。迄今为止的市场管理,不是放任供给的肆虐,就是以供给为出发点来刺激需求,都违背了市场的内在规律。因此,以需求为出发点的供给侧结构性改革才是真正尊重市场规律的,是市场运行必不可少的制度保障。

需求是有支付能力的需要。人的需要或者说欲望,是无限的,但是其支付能力是有限的。即便存在极少数的亿万富翁,其消费能力也有限度,体现为全社会的市场需求最终也是有限的。特别是在工业化的早期,需求在市场上的决定性作用并没有体现出来。

在自给自足经济时期,最主要的商品是粮食、服装等基本生活用品,而且占社会大多数的农民阶层是自给自足的。因此,社会消费基本上处于市场上的劣势,大多数情形是供给不足的,特别是粮食的供给不足。面对维系生命的粮食的供给不足,需求的卑微是不言而喻的。

第一次工业革命之后,以纺织品为代表的工业品供给大量增加。但由于资本家的残酷剥削,消费者的支付能力仍然非常有限。英国等资本主义国家忙于瓜分世界市场,甚至不惜发动战争来解决生产过剩问题。供给则为了资本家的利益而大肆生产,放任生产过剩,听任周期来解决生产过剩问题。这一时期的需求,当然也没有得到一点点尊重。

　　第二次工业革命之后，汽车等大型消费品逐渐出现，城市化快速推进，产业工人规模迅速扩大，为市场提供了大量的需求人群。人们潜在的需求正在逐一地得到满足——服装的需要变得普通而简单了，纺织品种类繁多且价格多样；电力技术的突破，电灯、电报、电话等现代电力用品，丰富了人们的日常生活，满足了人们信息沟通的需要；汽车的出现，在自行车、马车之外，为人们出行代步提供了新的选择；新的城市生活正在成为大众生活方式的主流，各种生活用品层出不穷……但需求在新的生活方式面前，没有太多选择的余地，屈服在供给的牵引之下。供给似乎正在创造需求，资本得意地满足于新的供给带来的丰厚利益。

　　需求对市场的决定性作用不仅体现在个体需求上，也体现在群体需求上。传统重化工业产业体系具有破坏环境和耗竭资源的特征，使得整个人类社会都面临着实现可持续发展的紧迫要求。这种需求，消费者个体虽然可以通过消费过程中的选择来体现其对市场的影响，但消费者对生产过程、产业技术的信息不对称，使其不能准确判断一个商品的生产和使用是否会带来环境破坏和资源枯竭。为此，需要政府作为公众的代表，推进动态而精准的供给管理。

　　到了21世纪，第二次工业革命时期创造的工业化、城市化生活模式逐步成熟。特别是美国的IT革命，使得市场的信息对称性得到了极大的改善。一方面，大量而全面的供给随着发展中国家的崛起而日益扩大，需求的选择性大大增加；另一方面，随着人均收入的提高，人们的需求结构也在升级，虽然在总量上需求仍然远远不能让供给出清，但需求已经具备了足够的力量对某一种商品说不，或者对某一种商品表示独到的青睐或者挑剔。需求的力量开始逐步显现出其对市场的决定性作用。

第四章 尊重市场的供给侧结构性改革

需求本是对市场有着根本的决定性作用的,但在现实中,这种决定作用长期被供给压抑着,甚至有庸俗的经济学家宣传供给创造需求。随着经济社会的发展,大众消费社会逐步成熟,需求的决定性作用也渐渐浮出水面。

需求对市场的决定性作用,是在市场经济发展到一定程度之后才得以实现的。在此,主要有以下三个基本条件:

第一,大众消费社会进入成熟阶段。人们的收入水平提高,消费水平提高,消费的心理预期也随之提高,整个社会需求的心理预期不再满足于大批量、等规格、同功能产品的供给,需要的心理预期开始倾向于个性化、高端化、便捷化的市场供给,甚至开始寻求现有技术能力不能满足的超前供给。在此,需求的个性化要求供给不断向多规格、小批量、特定化的方向转移;需求的高端化要求供给向产品质量提高、品牌等消费附加价值增加、产品多功能化和智能化的方向转移;需求的便捷化则要求产品使用便利、操作简单、搬运方便以及从供给方出厂向需求方使用的转移过程既快速又全面,实现无缝对接。

第二,从供给角度看,社会生产水平也达到了一定的高度。一方面,针对特定需求,市场供给不存在因技术及制度性的垄断而造成的单一性,有足够的差异性供给可以提供给市场需求方相对充足的替代产品以供选择;另一方面,在存在可以相互替代的供给产品生产能力的基础上,某一供给方潜在的生产能力都存在因需求的选择而迅速扩大并全部替代其他供给方生产能力的可能。否则,即使需求努力去选择、挑剔和介入设计与生产,也会被供给方忽视。

第三,市场供需双方的信息对称化水平达到一定的高度,需求方的个性化、高端化、便捷化要求,能够快速、准确、广泛地传播到市场上的大多数相关供需个体;供给方对需求的响应,能够以产品的供给或者设计及销售等供给方案的方式及时、广泛、准确地回馈给市场的大多数相关参与者。这种信息对称，在互联网技术尚未在世界主要经济体普及之前是无法想象的。但是，在20世纪90年代之后的短短20年后，在2010年之后的世界经济发展过程中，由于"互联网+"作为危机后产业革命的一个重大领域而受到了欧、美、日等发达经济体和以中国为代表的新兴经济体的高度重视，市场信息的对称化得到了令人惊讶的快速发展。这一技术领域的巨大成功，为需求发挥其对市场的决定性作用、为需求决定供给的具体实现过程，准备了充分的技术条件。

在上述三个条件之下，需求逐步强化了对供给的影响机制，从选择替代产品向介入供给过程升级。

通过选择替代产品来影响供给，是需求决定供给的基本方式，也是相对简单的方式。在供给总量少而缺乏可供选择的替代品时，需求方通过强劲的购买体现出充分的心理预期倾向，由此拉动供给总量的扩大并出现竞争者带来新的、可替代产品。由此，需求方则进一步通过选择替代产品，来实现其对供给的影响：其一，通过选择个性化商品，体现消费偏好；其二，通过选择多功能、智能化的高端产品，体现消费结构的升级；其三，通过选择无污染、无公害产品，体现对健康、可持续发展的追求；其四，通过选择便捷、安全、周到的服务方式，体现对消费过程的延伸需求。上述需求心理预期的表达，在信息技术不够充分发达的时期，要通过厂家市场营销部门的市场信息回馈工作才得以实现，这使得需求的决定作用体现过程缓慢而低效。当信息技术达到足以改善市场信息对称状态之后，需求方这种"用脚投票"的方式，才真正发挥出了充分的决定性力量。被需求追捧的成功的供给所体现出来的示范效果，与被需求放弃的失败的供给所体现的示范效果一样，顷刻间被市场广泛关注并加以借鉴。

与此同时，由于互联网技术的支持，企业与消费者直接对话的

第四章　尊重市场的供给侧结构性改革

"B2C"平台广泛建立起来，这使得需求方的定制供给成为可能。需求对供给的介入，不仅出现在产品的功能定制上，还体现在从产品设计到生产、销售的产品生产全过程的参与上。在中国，服装、家具、家用电器、农产品等领域的需求都在逐步体现出其对供给的决定性作用。由此，需求对市场的影响进入到一个新的阶段，需求的作用方式从影响既有产品的实现向影响生产过程演进，加速推进了社会生产向"按需生产"的方向发展，对改变市场经济失衡将发挥重要的作用。

总之，在上述背景下，需求方的心理预期借助IT技术对市场信息传递的便捷化、广泛化、具象化，逐步促成供给方自觉、自发地依据需求的心理预期来形成其自身对供给的心理预期，从而能够实现市场的按需生产。供给方个体根据需求的自主管理，是企业为主体的情况下的自觉行为，由企业个体行为逐步汇总为社会力量，并改变整个经济活动中的市场管理方式。

第二次世界大战结束以后，第三次工业革命兴起。这次产业革命没有对石油、内燃机等核心技术进行改变，因而没有改变产业体系的重化工业性质。它在这一产业体系基础上，增加了微电子等新的产业子系统，极大地完善了这一产业体系，使得供给的力量渗透到人们生产、生活的每个角落。其中，在供给方面，社会供给不仅在数量上极大地丰富了，而且在品种上不断扩展、在结构上日益升级。第一次工业革命主要是从纺织机、蒸汽机、煤炭等源技术入手，初步解决了衣、行的问题；第二次工业革命用内燃机替代蒸汽机、用石油化工替代纺机、用电力替代煤炭，这些技术到了第二次世界大战后逐步成熟，交通便利得以实现最后一米的人工替代，化纤材料丰富了纺织材料，化肥更带来了农业革命并缓解了吃的问题，电灯、电报、电话的普及便利了人们的生活和信息沟通，电力动力在工业领域的应用提高了工业效率。第三次工业革命在此基础上通过微电子等产业的发展，进一步带来了生活的便利。以日本为例，从20世纪60年代开始，黑白电视机、电冰箱、洗衣机成为推动消费升级的助力军；到了20世纪60年代末70年代初，彩色电视机、空调、汽车成为新的"三种神器"。这种消费结构快速升级的现象，在随后的产业国际转移过程中，也体现在"亚洲四小龙"的经济增长过程中，并在中国改革开放后的经济快速发展过程中得到充分的体现。与此同时，依托电子计算机技术，办公机械也在逐步实现自动化，产业机器人的普及，逐步实现了对人们生产劳动的替代。

随着人们收入水平的提高，大众消费社会也逐步走向成熟化。首先，由于人们的支付能力伴随着经济增长而日益提高，虽然不能从根本上解决需求总量低于供给价格总量的问题，但是这种需求规模和升级态势已经具备了引导供给的能力，足以在特定产业、特定产品领域表达需求倾向，选择和拒绝某种特定商品。其次，人们的需要也开始展示个体的异质性特征，已经不再满足于统一样式与功能的大众化产品，而更加倾向于选择能够体现消费个性、满足特定需要的商品。

因此，需求对市场的决定性作用，在工业化之初由于供给的匮乏和刚性需求规模的庞大，使得厂商和经济学家产生了"供给决定需求"的错觉。而随着供给规模的扩大，刚性需求可选择机会的增加，需求的决定性作用开始显现。这一过程到了大数据时代，借助网络平台的支撑，需求的决定性作用才真正凸显出来。

三、未来发展的方向

供给侧结构性改革，从市场原理而言，就是要实现按需生产。从

第四章　尊重市场的供给侧结构性改革

供给侧结构性改革的方向来看，从提高供给质量出发，用改革的办法推进结构调整，矫正要素配置扭曲，扩大有效供给，提高供给结构对需求变化的适应性和灵活性，提高全要素生产率，更好地满足广大人民群众的需要，促进经济社会持续健康发展。终极目标就是构建新的产业体系，从生产力上保障对需求的满足能力。

当前，作为世界经济大国的中国，新产业体系的构建不仅要满足本国的需求，还要满足世界市场的相关需求。其中，既有传统的生活需求，还有新出现的个性化、高端化、便捷化需求；既有人们作为消费者个体的需求，也有作为社会群体的公共需求。迄今为止的产业体系，虽然在不同程度上满足了人们从低到高的需求变化，但无不面临着结构升级、产品创新的课题，而对于那些新表现出来的需求，则需要新产业革命推动下的产业创新来解决。同时，群体需求的可持续发展战略问题，要求整个产业体系的绿色化。这将从根本上改变能源、资源的使用方式，并使整个产业体系的重新构建更具意义。需求与产业体系的演变如表4-1所示。

表4-1　需求与产业体系的演变

需求	产业革命	源技术	产业体系
农耕时代的需求替代	第一次	纺织机	1733年飞梭—1764年珍妮机—1769年水力纺纱机—1779年骡机—1785年水力自动织布机—净棉机、梳棉机、自动卷扬机、漂白机、整染机—蒸汽动力
		蒸汽机	1690年大气蒸汽水泵—1698年吸入压力水泵—1717年"火力机械"—1765~1788年瓦特蒸汽机
		产业体系	纺织+蒸汽机—煤炭业—1735年焦炭炼铁法—1750~1788年密封坩埚、鼓风机、搅拌炼铁法、轧钢机—1760~1830年运河—1807年富尔敦蒸汽轮船—轨条的改进和蒸汽机车—18世纪金属切割机械化—1835年车床及其他一系列金属加工机—19世纪前半期车床、铣床、水平平面刨床、钻床（悬臂钻床）、旋制外螺纹车床、蒸汽锤灯工作母机、带车刀和导轨的车床—19世纪中叶机器制造业

续表

需求	产业革命	源技术	产业体系
工业化、城市化时代的需求	第二次	电力	蒸汽动力的局限要求新的动力：1831年法拉第电磁感应电流—发电机、电动机—1867年西门子大功效自馈式发电机——变压器、三相交流电动机—水电站、热电站、高压电线、电力网—1881年电灯投入市场—光控开关、保险装置、电表
		石油	机械化润滑油、照明要求新的能源：19世纪50年代勘探—钻探技术—1862年炼油厂—采油设备油罐、油车、油桶、贮油装置泵、炼油设备、输油管道等—1910年左右用途主要是照明—1913年石油热裂变方法—汽油
		内燃机	电动机、电力工业需要高效动力：19世纪60年代起尝试—1885年封闭发动机—摩托车、四轮汽车、摩托船
		产业体系	（1）电力：1835年有线电报—1837年打字电报—1847年无缝橡胶绝缘包线—1876年电话—1880年交换机装置、自动拨号机—20世纪前10年无线电通信技术—1936年纽约和费城高频电话电缆； （2）石油：19世纪中叶染料业、化肥工业—1850年焦油燃料厂—1865年苯胺和苏打工厂—中间化学产品、精密制剂—20世纪初核菌素、普鲁卡因、胰岛素、阿司匹林、"666"等产品相继问世—1863年炸药—合成纤维、塑料工业—1884年人造丝厂—1899年铜氨丝—20世纪30年代尼龙纤维—1938年贝纶—1908年酚醛塑料—人造树脂—油漆、胶水—1925年薄膜； （3）内燃机：上游产业如钢材、有色金属、机械、橡胶、玻璃、石油—下游领域如城市建设、公路网建设、商业、销售服务、汽车修理、保险等； （4）工业化：1824年水泥—1867年钢筋混凝土—1900年自动电梯—瓷砖、油毛毡、铝、塑料、玻璃
大众消费社会的需求	第三次	微电子	20世纪40年代电视、雷达—二战中雷达、声呐、远程导航系统、测高计、夜视仪、自动操纵仪—20世纪50年代晶体管、集成电路—电子计算机—1964年数控机床—工业机器人—20世纪70年代微型计算机—数字式程控交换机
		新材料	（1）金属材料：合金钢、钛； （2）非金属材料：合成橡胶、塑料、合成纤维等高分子合成材料； （3）复合材料：玻璃钢系纤维复合材料、铝塑薄膜系迭复合材料、金属陶瓷系细粒复合材料、飞机蜂窝夹层结构骨架复合材料等
		新能源	核能、太阳能、生物能、风能、海洋能、地热能
		航天技术	空间通信技术、遥测遥感技术、空间军事技术、空间运输和空间工业技术—1957年、1958年苏、美人造卫星—1959年苏、美人造太阳行星—1961年苏、美载人宇宙飞船—1969年"阿波罗"号登月—20世纪80年代初哥伦比亚航天飞机飞行成功—1983年太空实验室

第四章　尊重市场的供给侧结构性改革

续表

需求	产业革命	源技术	产业体系
大众消费社会的需求	第三次	生物工程	（1）遗传工程； （2）细胞工程； （3）生物转化工程（酶工程）； （4）发酵工程
		海洋技术	海底能源、资源开发、海洋空间利用、海洋环境保护、水产资源开发、海洋救捞、潜水技术、海底施工技术等
		产业体系	第三次产业革命是在第二次产业革命形成的产业体系基础上的补充和完善，从这个意义上说，其并不可以算是一次真正的产业革命
个性化、高端化、便捷化的需求	第四次	可持续发展的需要	改变人与自然的关系：电动车、新材料、新能源技术
		人类自身发展的需要	以生物技术为核心，扩展到大健康产业等相关领域
		改变生产过程的需要	以智能制造为核心，重点推进产业机器人、柔性生产体系建设，农业机械的智能化也在其列
		改变市场模式的需要	信息对称，从供给改变需求向需求改变供给转变：定制工业、电子商务、物联网、VR产业等
		产业体系	对第二次工业革命时期形成的产业体系的替代：产业创新形成新产业体系

综上所述，供给侧结构性改革的发展方向就是承前启后基础上的新产业体系构建。第一，改造第二次工业革命以来形成的产业体系。其中，包括两个主要任务：其一，以信息化、自动化、智能化改造传统产业，以满足市场中传统需求的结构升级；其二，以电动车、新能源、新材料替代传统产业体系中不可持续发展的部分，替代其汽车、石油、钢铁等传统产业部门。第二，为满足人类健康、老龄化等需要以及个性化、便捷化等新需求，在健康产业、"互联网+"等产业领域进行产业创新，逐步构建新的产业体系。

第五章 大数据下的精准供给管理

市场失衡具有必然性,但可以通过对需求心理预期的充分把握来管理供给,使之尽可能地趋向于"按需生产"。这种管理方式可以在形式上是"计划"的——政府层面上通过产业政策、发展规划来管理供给的宏观方向,企业层面则依靠细致的生产计划、市场调研来管理生产的微观动态。但所有这些努力,都需借助先进的信息技术来实现。大数据时代的到来,将极大地改变市场信息的不对称性,使消费者的需求心理预期逐步显现并日益丰满起来,便于供给方把握,便于政策决策者预测——以需求为导向的、精准的供给管理的时代到来了。

一、大数据时代到来

随着网络信息技术的快速发展,大数据时代悄然到来。以巨量(Volume)、高速(Velocity)、多样(Variety)、价值(Value)、真实(Veracity)为特征的大数据集合,在处理模式上超越了常规数据采集的随机抽样统计方法,采用所有数据进行分析处理,这对基于海量数据分析、预测和管理的社会经济各方面研究来说具有划时代的意义。

第五章　大数据下的精准供给管理

2012年3月，美国率先启动大数据研究，并于2016年5月发布《大数据研究与发展战略规划》，提出建立大数据创新生态系统，以大数据技术为支撑，探索海量数据信息在经济活动中的重要作用，从而更好地对未来经济社会发展做出决策分析与战略部署。英国建立开放式数据研究所、法国发布《数字化路线图》、日本提出"面向2020年的ICT综合战略"、韩国打造"智慧首尔2015"……世界各主要国家纷纷融入大数据时代，抢占发展先机。

国家战略层面之下，大数据技术在行业发展与商业实践中的应用愈加广泛，例如由麻省理工学院经济学家提出的BPP计划（Billion Prices Project）利用网购交易数据计算日常通胀指数，成功预测了社会总需求的下降，这比同期的官方统计数据提早了两个月，大数据技术的现时预测能力可见一斑。从这个角度出发，基于海量信息分析与预测的大数据服务，在经济调控与市场管理层面上的应用具有巨大潜力，将有利于政府更好地做出经济活动决策，进一步推动社会经济的可持续发展。大数据将如何具体应用于社会经济活动，如何从供给管理层面促进经济健康发展，是本章研究与探讨的重点。

大数据技术在经济活动中的应用，可以从根本上解决市场信息不对称的问题，从而使得以"计划"的手段配置资源按需生产的社会精准供给管理成为可能。这里的"计划"是经济运行的方式，"市场"是经济活动背后的机制，二者完全可以共存并更好地指导社会经济实践。大数据技术通过海量数据的获取、分析与处理，推动决策者更充分、更准确地掌握市场需求，将资源有计划地配置到需求心理预期体现出来的有现实需要的地方，逐步实现真正的按需生产。这一全新的市场运行模式恰为新时期的精准供给管理打下基础，例如通过海量数据做出经济现时预测、推动大规模定制生产、引导产业结构和社会治理的转型升级等，进而推动社会进步与经济可持续发展。

二、大数据与传统经济体制变革

大数据的应用对当前经济体制的运行模式变革具有重要意义。世界各主要国家与地区经济发展的传统路径选择主要落入市场经济与计划经济之争,从历史角度出发,两种路径各具利弊,都在一定历史时期推动了社会经济的发展,但也有着不可避免的现实弊端。大数据技术的出现,恰为未来经济体制的变革方向指明道路。

1. 传统理解的市场经济

传统理解意义上的市场经济又称自由市场经济,是产品的生产与销售以价格规律为决定因素的经济体制。市场经济体制下,产品的供给与需求以价格机制、供求机制和竞争机制为基石,完全由"看不见的手"引导,其市场均衡具有极强的自我组织性。在宏观层面,市场机制通过价格的波动变化向市场参与者提供信息,推动资本、劳动力、技术等资源向预期利润较高的部门或行业转移,从而实现社会资源的优化配置。在微观层面,商品价值由社会必要劳动时间决定,遵循等价交换原则,这就意味着个别劳动时间低于社会标准的生产者将获得较大利益,形成市场内部的竞争机制,促进个体企业主动采取措施改进技术或加强管理,从而提高劳动生产效率。理论上的市场经济主张自由交易、公平竞争及产权明晰,从生产者利益最大化和消费者效用最大化两个角度实现均衡,但这种均衡的实现是以完全竞争假设为前提的,这在现实中并不存在,这是由于:

第一,完全竞争市场需保证产品同质无差别、存在大量参与者、市场进出自由以及信息对称，这一理论范式在现实中无法立足，垄断竞争普遍存在，垄断下的市场均衡价格更高，产量更少，因而造成"垄断的浪费"，[1]降低了社会资源的利用效率。第二，在现实经济活动中价格指向已经失去意义，出现越来越多的"泛吉芬商品"——其需求和供给随价格的上升而上升，随价格的下降而下降，社会资源的利用也趋于枯竭化，没有实现自发的合理化配置。第三，自倡导自由贸易的资本主义初期阶段以来，存在频繁的生产过剩的经济危机现象，理论上的市场出清从未出现。

显然，传统的市场经济理论在现实应用中颇具弊端，不同历史时期的经济活动实践也表明，完全放开市场的自由主义政策只适用于特殊时期，政府对经济的宏观调控在经济运行中的作用同样不可忽视。

2. 计划经济

计划经济或称指令性经济，是对生产、资源分配以及产品消费事先进行计划的经济体制。计划经济体制由政府主导社会化大生产，将国民经济各部门以指令性计划联结在一起，产品的种类、数量、价格、投资方向、就业及工资水平、经济增长速度均由政府决定，不受市场影响。计划经济是共产主义的经济体制，通过计划控制生产规模与资源分配，能够从根本上消除资本主义市场经济因自由竞争造成的生产过剩，从而扼制经济危机的产生。正如马克思所说："构成现代生产过剩基础的，正是生产力的不可遏止的发展和由此产生的大规模生产……一方面，广大生产者的消费只限于必需品的范围，另一方面，资本家的利润成为生产的界限。"[2] 在计划经济指导下，苏联采取高度

---

[1] Chamberlin E. H.. The Theory of Monopolistic Competition [M]. Cambridge: Harvard University Press, 1956.

[2] 马克思，恩格斯. 马克思恩格斯全集（第26卷Ⅱ）[M]. 北京：人民出版社，1973：603–604.

集中的全民所有制，长期以高能耗、高投入、粗放型的重工业为经济发展重点，并依靠发达的军事工业、集中的资源调配实现经济的高速增长。日本于20世纪40年代开始学习苏联经济制度，依靠计划经济体制实现了20世纪50年代的经济腾飞。中国同样走苏联道路，在中华人民共和国成立初期的计划经济时期迅速完成工业化。然而，随着苏联解体、日本重回自由市场经济、中国改革开放，计划经济在世界范围的实践无一例外地以失败告终。

计划经济的失败从历史阶段发展的角度来看具有必然性。第一，计划经济时期的高速增长必然带来经济结构失衡，国家为实现快速工业化集中发展重工业体系，是以牺牲其他产业部门为代价进行的，缺乏产品的市场培育阶段，这使得长期的工业发展后劲不足，高速增长是不可持续的。第二，计划经济体制下资源归国家或集体所有，国有经济、集体经济为市场主体，必然造成经济产权的虚化，劳动者没有选择和竞争的土壤，产品生产从而缺乏内在动力，经济效率因而低下。第三，计划经济长期施行必然带来体制僵化，人为的主观特征越来越明显，政府对经济波动的纠正机制又具有迟滞性，使得经济发展失去活力。计划经济失败的历史必然性，从根本上看可归结为：在特定的历史时期经济信息是不对称的。在经济结构较为简单的情况下，计划经济是行之有效的，但随着经济的发展产业部门逐渐增多，经济体系复杂化，政府无法及时、全面地掌握需求端信息，无法正确反映市场需求，从而使得生产与社会需求脱节。当前，大数据时代悄然来临，完全可以从根本上解决信息与市场不对称的传统问题，从而带来经济体制运行与管理方式的革命性变化。

3. 大数据带来的市场运行方式新变革

传统的市场经济理论在现实应用中的苍白无力，促使越来越多的

第五章 大数据下的精准供给管理

学者研究挖掘市场经济运行的深层机制。笔者认为，对市场成立起决定性作用的是需求，而市场运行的根本动力是参与市场活动的人们的心理预期。首先通过消费者的心理预期形成需求，进而通过生产者的心理预期带来供给，在消费者心理预期追求效益最大化和生产者心理预期追求利润最大化的交互作用下形成的价格点，交易行为得以完成。简言之，首先产生需求心理预期，进而诱发供给，市场经济活动由此展开。由此，若能从需求心理预期这个源头了解其波动状况，就能从根本上掌握市场动态，预测主体行为，最大限度地实现信息对称。

在信息对称的前提下，计划经济就可以充分发挥优势，避免生产过剩、经济危机的发生。需要指出的是，这里的"计划"是资源配置的手段与方式，不是运行机制，因此与市场经济不构成对立关系，而是从属关系。这就需要先从"计划与市场对立"的误区中跳出来。从本质上看一切经济行为活动都在市场经济的大背景下进行，市场成立由需求决定，而需求源于需求方的心理预期。在市场经济信息对称的前提下，计划配置资源能够使生产活动更加契合社会需求，减少资源浪费，提高经济效率，实现市场运行的良性循环。因此，"计划"是经济运行的方式，"市场"是经济活动背后的机制，二者并不矛盾，完全可以并存，以更好地指导社会经济实践。

大数据技术应用于市场经济的分析与管理之中，恰恰可以最大化地实现信息对称。具体来说，通过海量心理预期数据的获取、分析与处理，企业便可充分掌握市场中的实时需求，从而制定更为精准细致的生产计划，即通过充分调研市场了解需求动向来管理生产的微观动态。基于大量企业生产数据的汇集，政府便可在宏观上把控供给管理方向，利用产业政策、发展规划等手段将社会资源有计划地配置到有实际需求的地方，真正实现按需生产。这种由下至上、由企业完成计划生产的微观操作、由政府把握宏观方向的供给管理模式，较以往自上而下的中央计划而言，在掌握市场需求动态方面具有明显优势，也就从根本上解决了传统经济运行体制下的生产过剩问题，杜绝了经济危机的出现。

总的来说，大数据技术通过对需求心理预期的把握来主动调整供给体系，推动市场管理从简单的调动有效需求转向更高阶段的按需供给，从而实现市场运行方式的重大变革。由此，笔者提出基于大数据技术的社会精准供给管理的概念，即以需求为依据，根据需求的心理预期而进行的有预见、有计划的生产体系创新、调整、升级。精准供给管理是市场管理的高级阶段，以市场机制为核心，由个体（企业）自主管理汇集而成社会供给管理。事实上，在特定历史时期与社会制度运行中出现的"计划经济"，就是由国家机器代行的社会供给管理，而只有在高度自觉的社会文明与高度完善的社会制度下，国家代行的社会管理才有可能实现。

三、大数据在精准供给管理中的重要作用

大数据革命为按需生产提供物质基础，保障和支持需求方的心理预期可以通过充分有效的技术手段快捷、具体、直接传递到供给方，促使供给方改变生产方案、改革生产技术甚至调整产业体系。当前大数据技术在精准供给管理中的应用主要有以下几个方面：

1. 大数据为经济的现时预测提供机会

数据预测分析是精准供给管理的重要基础和技术保障，然而，长期以来数据的获取时效无法与经济发展同步，迟滞性强且后期反复修

第五章 大数据下的精准供给管理

改的可能性大。这使得传统的经济预测与政策制定始终是用前期的数据来"预测"当期及未来发展,对当期预测准确性高但意义不大,而对未来预测则因时间间隔过长而有失准确,同样不具备很强的指导意义。如宏观经济中的关键指标GDP,本月的数据最快也要下个月得知,本年度的数据可能至少需要半年的周期才得以公布。换言之,依靠传统的数据统计分析方法我们始终无法及时得知当前经济活动实况,信息获取缺乏时效性。随着大数据技术的到来,现时预测作为新兴的经济分析手段能够有效弥补这一缺陷。

现时预测(Nowcasting)一词源于气象学,本指利用特定区域短时间内出现的大量数据,预测该区域突发天气状况如雷暴、台风等的侦察方法。引申到经济学中,可指针对现在已经发生的事可能因为信息获取困难等原因难以直接知道准确情况,因而根据可得信息来进行推测。[①] 例如预测本月的GDP数据,因为这件事已经发生,只是还不能及时拿到相关数据,则可通过大数据技术获取本月前两周与GDP相关的数据,以此来预测本月GDP总量。现时预测以经济发展中收集频度较低且不易获得的关键指标为研究对象,利用与其密切相关的高频度、易获取数据建立模型预测而得。再以GDP(反映一个国家或地区经济发展水平的重要指标)为例,其公布一般以季度为单位且晚于季度末很长一段时间。在这种情况下,可以通过获取大量相关指标的月度数据甚至周度数据,如工业生产指数、产品销售量、新增制造业订单额等,尽早对当期的GDP总量做出预测,提高数据获取与分析的时效性,以便更好地做出经济分析与管理决策。现时预测在当前经济预测分析中已有不少实践。如Banbura等利用26个产业发展的月度或周度指数对当期GDP做出判断,并对未来的GDP增长率和通胀率做出

---

① 刘涛雄,徐晓飞.大数据与宏观经济分析研究综述[J].国外理论动态,2015(1):57-64.

预测;① Varian 和 Choi 提出基于谷歌趋势（Google Trend）数据的现时预测，通过获取每周甚至每日的搜索数据分析预测行业实时发展，并对未来的整体经济走势做出预测;② 中国国家工商总局 2013 年发布的企业发展工商指数，选取 10 个与宏观指标具有先行关系的指标，可以提前 1~2 个季度预测宏观经济发展趋势。③ 以大数据应用为基础的经济现时预测，有利于决策者更加及时地掌握市场运行动态，提早预防可能出现的经济危机，推动实现更为有效的经济管理与调控。

2. 大数据支撑产品的大规模定制生产

随着经济的不断发展，人们对产品和服务的需求越来越呈现出精细化、个性化、多元化态势，以往大规模标准化生产的产品供给已无法满足日新月异的社会需求，大规模定制生产（Mass Customization）应运而生。大规模定制以现代化信息技术、新材料技术、柔性制造技术为依托，迎合个性化、精细化的市场需求，将产品定制生产问题全部或部分转化为大规模生产，以低成本高效率的产出服务于多元化市场主体，进一步推动产品结构和制造流程的重构。④ 按产品形式划分，大规模定制既包括全线打造满足客户特定需求的产品，如谷歌公司提供的 AdWords 和 AdSense 等线上透明化定制，以及凭借 3D 打印技术量身定做服饰的个性化定制，也包括为客户提供标准化产品样板再根据具体需求由客户自行完成产品改造，例如路创公司生产的智能照明灯，

---

① Banbura M., Giannone D., Reichlin L. Nowcasting [R]. European Central Bank Working Paper Series, 2010.

② Varian, Hal R. and Choi, H. Predicting the Present with Google Trends [EB/OL]. http://googleresearch.blogspot.com/2009/04/predicting-present-with-google-trends.html.

③ 国家工商总局企业发展工商指数课题组. 基于企业发展与宏观经济发展关系研究的企业发展工商指数构建 [R]. 2013.

④ Pine Ⅱ, B. J., Victor, B., Boynton A. C.. Making Mass Customization Work [J]. Harvard Business Review, 1993 (9): 108–116.

可以通过内置程序更改照明效果，方便客户自行操作。[①]

随着社会发展超越大众生产消费，进入更高层次的按需生产阶段，以实际需求为导向的大规模定制生产是未来制造业变革的大势所趋，这就要求生产方能够及时、准确地掌握市场需求动向。在大数据、云计算等现代信息技术突飞猛进的背景下，传统制造业也正经历着数据爆炸带来的行业重大变革。制造业企业涉及大量结构化和非结构化数据，大数据技术可应用到产品、运营、价值链、外部环境等多个领域海量数据的挖掘与处理之中，包括数据采集、订单管理、定制平台、智能化制造等。其中，定制平台的建立是个性化需求走向大规模批量生产的核心要素，这些非标准化产品所产生的生产信息与数据也是大量的，需要及时收集、处理和分析，以便更好地指导生产。在这一过程中，消费者偏好、个性化定制等需求数据会推动相对封闭的供给发生改变，实现需求与供给的数据互通，生产供给对消费需求的获取更加便利、反馈更为准确，能够有效提升产品投入的针对性，降低库存和物流成本，真正实现制造业的智能化生产。同时，以需求指导生产，减少无效和低端供给，扩大有效和高端供给，也是经济新常态背景下深化供给结构性侧改革的应有之义。

3. 大数据推动产业结构与社会治理的转型升级

除制造业外，大数据应用推动了社会各行各业的变革，促使经济结构不断转型升级。大数据是新一轮产业革命的核心驱动力，人工智能、无人控制技术、量子信息技术、虚拟现实等一系列全新技术力量都是以大数据为主要特征和战略资源。[②] 在大数据革命的引导下，产业

[①] Pine Ⅱ, B. J. Mass Customization: The New Frontier in Business Competition [M]. Boston: Harvard Business School Press, 1992.
[②] 陈清. 以大数据助力供给侧结构性改革 [N]. 光明日报, 2016-12-24 (7).

融合趋势有所加强，传统行业与互联网技术的结合进一步深化，推动了产业结构与经济增长的多元化发展。大数据本身就是信息时代的重要战略资源，由此催生的一系列新兴产业蕴藏巨大的产业发展空间，既包括以数据信息为载体的大数据产业，如数据租售、分析预测、决策外包、分享平台等，也包括以数据信息为工具的战略性新兴产业，如数据材料、数据化学、数据制药等传统产业的升级版。如苹果公司通过大数据和云计算技术为全球各地旗舰专卖店的位置精确选址，沃尔玛在数据挖掘的基础上重塑并优化供应链，亚马逊、淘宝等互联网电商通过掌握分析海量数据为用户提供个性化商品推荐服务等。

此外，大数据技术也广泛渗透于社会治理的各个领域，推动包括新型城镇化体系建设、智慧医疗平台改革、政府电子政务协同等在内的全方面科学治理。比如在新型城镇化体系建设方面，社交网络、网络搜索、移动通信、航天遥感等大数据在宏观层面全面揭示区域乃至全球城镇化的动态发展，卫星导航、互联网定位签到、交通智能卡等大数据可以实时展现中观层面城镇居民的时空分布与行为模式，充分反映城市功能布局、交通道路设施使用的合理性，居住环境感知、建筑与生活能耗、室内定位及居民行为、精细化网格管理等微观层面的大数据则为城镇详细规划、社区管理服务及建筑设计提供决策支持。[①]还有医疗健康、食品安全、犯罪治理、智慧交通、智慧旅游等具有海量数据信息基础的领域，大数据技术的应用不仅能够事先提供精确的决策支持，也能够高效地对决策结果做出评估，从而合理引导社会资源流向，推动实现社会经济的可持续发展。

---

① 吴志峰，柴彦威，党安荣，等. 地理学碰上"大数据"：热反应与冷思考［J］. 经济地理，2015（12）：2207－2221.

四、未来的挑战

综上，大数据能够成功解决之前计划经济时期市场信息不对称的历史问题，能够为经济分析与市场管理提供更为及时的经济现时预测，支撑更为精细的定制化生产，引导更加符合社会需求的可持续发展。因此，在精准供给管理阶段，以计划手段配置资源的市场经济运行新模式是完全可行的。当然，这种新模式是以大数据技术为基础的，在当前的时代背景下，面临着一系列新的挑战：

第一，海量数据收集的工作量巨大，既包括结构化的数量信息，也包括来自文本、图片、视频等素材的非结构化非数量信息，当前阶段已经从传统的数据采集升级到数据挖掘的新方法，数据的清洗、保留、加工提取和标准化结构化都是对大数据技术的诸多挑战。

第二，精准供给管理需要保证数据来源的真实性与政策研究的靶向性，然而针对各行业发展的数据开放共享平台较为匮乏，关键行业数据的可得性是产业预测与供给管理在当前阶段数据平台建设的重点任务。

第三，大数据分析处理系统因数据的高度集中而更易受到攻击，潜藏着较大的数据安全隐患，特别是大数据依托的基础技术 NoSQL（非关系型数据库）在数据维护方面较为薄弱，亟须进一步完善。

由于大数据技术在经济活动中的应用尚未成熟，利用大数据技术进行经济分析与市场管理也正处于研究的起步阶段，并不能完全取代传统的经济分析方法。但随着大数据技术与应用在社会经济发展各领域的不断发展与渗透，以大数据革命为依托的精准供给管理必将成为大势所趋，有力推动社会进步与经济的可持续发展。

第六章 市场理念与精准扶贫

贫困问题是世界性的经济社会难题。在资本主义国家，贫困问题交给社会基本保障制度来解决，因而贫困人口只是维持最低生活水平，不能从根本上改变其贫困的状况，更谈不上根除贫困、走向富裕。在中国，扶贫工作是社会主义事业发展的重要组成部分，随着扶贫工作的内容深化和经验总结，中国政府在新形势背景下提出了精准扶贫的重大战略。在以前的扶贫工作中，确实取得过成绩，但是个别地区政府对贫困人口数量、致贫原因等贫困区域具体情况不能精准掌握，致使在之前的扶贫工作中没有针对性，政府一直在扶贫工作中作为主角，只是一味下拨资金、上项目。在精准扶贫战略指导下，完全依靠政府的时代已经过去，而应该充分发挥市场的力量。

市场原理告诉我们，产业选择必须以需求为导向，不能单纯地依赖贫困地区的资源禀赋，不能简单地依靠政府补贴，而应该把握市场需求，针对区域内外市场的需求，借助市场机制，导入贫困地区没有的优质资源，从根本上改变贫困地区的市场劣势。精准扶贫的核心，应是精准地利用市场原理来彻底改变贫困人口在市场经济中的地位，确保其在市场经济中占有不可替代的一席之地。

一、扶贫与精准扶贫

1. 扶贫政策的沿革

在我国社会主义市场经济建设过程中,由于农村落后的生产力无法跟上城市发展前进的步伐,所以农村与城市发展趋向于两极分化,在资源倾向城市流动的情况下,农村经济发展缺少能力和动力。贫困是一个相对概念,在不同时期具有各自特点,主要表现为反复性、地域性等,随着社会精神和物质文化水平的提高,贫困的标准也在相应地重新制定。我国在过去的发展过程中,为了缩短贫富差距和稳定社会,扶贫政策经历了几次阶段性调整:

第一,扶贫开发初始阶段(1978~1985年)。当时的农村经济制度制约生产力的发展,产生了一大批贫困人口,为扭转这种局面,政府对农村土地经营制度进行改革,解放生产力,使农村农业生产效率逐渐提高。与此同时,政府也直接向贫困人口发放生活物资品以保证他们的基本生活。此阶段是我国扶贫开发的初期,主要是针对农村经济制度的改革来缓解社会贫困压力,并没有形成扶贫开发体系及构架。

第二,扶贫开发推进阶段(1986~2010年)。农村经济发展是一个复杂问题,会受到各方面因素干扰。在此期间,由于农村生产力并不是先进生产力的代表,并且各种资源都向城市流动,农村在发展和脱贫过程中会不断出现新的问题。我国政府意识到扶贫工作并非一朝一夕能够完成,所以在1986年之后,政府成立专门扶贫机构、设立专项扶贫资金和制定基本扶贫方略。同时,根据各个时期存在的问题,陆续出台了《国家八七扶贫攻坚计划》《中国农村扶贫开发纲要（2001—2010）》。这一阶段，我国贫困人口确实在一定程度上有所减少，但是并没有在根本上解决贫困问题，仍然处于探索状态。

第三，精准扶贫阶段（2011~2020年）。精准扶贫是习近平总书记在新时期下提出的全新扶贫政策，具有指导性、完整性和实践性。精准扶贫是相对粗放扶贫的治理贫困方式，在实践当中针对贫困区域、扶贫对象的实际情况进行科学有效的精准识别、精准帮扶及精准管理。此阶段，总结了以往扶贫工作的经验教训，并结合当前实际情况，摸清问题，找准方向，是扶贫开发总战役的冲锋阶段。

2. 当前的问题及成因

能够精准扶贫的前提是能够精准地分析致贫、留贫原因，而贫困无外乎客观和主观两方面原因：在客观原因方面，环境因素、自身身体健康状况、文化程度为主要原因；在主观原因方面，个人对待贫困的态度的积极程度是其首要因素。

（1）资源禀赋贫瘠。

贫困地区大多资源禀赋较为贫瘠。当然，在贫困的地区会有富人，在富裕的地区也会有穷人，但这都是个例。笔者不否认个例，但主张把焦点放在贫困地区所特有的共同致贫现象上。

城市中的贫困人口，大多是无劳动能力或有劳动能力和意愿但失业、待业以及离退休而无人赡养的人群。城市贫困的主要环境要素在于：产业结构的升级转型，使得部分传统产业退出经济活动的舞台，大批工人下岗失业；新的产业需要更高端的产业技能，而许多无业人员不能适应新的要求；城市生活成本较高，造成了生活的相对贫困。其中，贫困人口自身劳动力资源素质相对低下，是其根本原因。

农村的贫困人口多处于自然环境条件相对恶劣的地区。这些地区缺乏较好的工业化自然资源，交通不便，产业多以农业生产为主，以农牧业收入为主要经济来源。在科学技术无法辐射贫困地区的时候，只能依靠自然力量来维持生产。土地肥沃程度、全年降雨量、有无自然灾害等都会成为贫困地区生产的决定性因素。在2014年国务院扶贫开发领导小组办公室网站发布的贫困县名单中，大多数贫困县集中于中部、西部及西南部地区，如西藏、甘肃、云南、贵州等地。从贫困地区的分布不难看出，不利于农作物生长的高原、山区都是贫困的高发地。农民无法依靠土地或者其他自然资源解决生活基本保障，也就无法进一步形成财富积累。自然环境恶劣、资源匮乏地区，政府财力有限，无法依靠自身力量来发展基础设施建设，无法形成良好的投资环境，对外部资金不能形成吸力，在内外都无法依靠的情况下，很难发展致富。

贫困地区农民在农业生产过程中形成了惰性和惯性。农民最大的希望是一年风调雨顺，收成不会减产；依靠其他自然资源谋生的渔业、采摘等，也仅是希望收获多一些。这种心理预期的惯性，排斥了对生产技术提高的追求，在市场上不能换来较高水平的生产资料和技术的供给，往往以政府提供的援助、扶植政策达到较低标准为满足，而政府援助的资金，又成为其习惯性的心理预期。

由于贫困农民的心理预期较低，政府的对策思路也往往依赖中央扶贫政策的补贴、援助，形成主要依赖物质扶贫、补贴扶贫方式的政策惯性。这种政策方式，自然造成了贫困的固化，年年扶贫而贫不见减，年年补贴而补无止境。这种政策惯性，在精准扶贫的战略下亟待改变。仅靠贫困人口的精准对应，而继续沿用以往的补贴、补物资的方式，即使资金、物资的数量再精准，也不过是以往方式的数量化精准而已。

(2) 因病致贫。

疾病是民众无法避免的困难，无论是后天性疾病还是先天性疾病，都可能会使一般民众从较富裕变成贫困，由于治疗疾病花费资金的速度高于获得资金的速度，因此长时间的疾病很快就使一般家庭致贫。

因病致贫的情况在城乡都有，但更多发生在农村。这是因为在农村生活的民众多为体力劳动者，一旦身患疾病将无法从事体力劳动，而在农村不论是农耕还是养殖都需要高强度劳动，所以身患疾病之后会使收入锐减。如果患病者已有的储蓄能够维持生活和治病，那么在病愈之后，也无法短时期内回到患病之前的生活水平。在农村财富积累需要长时间的过程，并且在积累的过程中没有其他变故。生活在农村的民众所能获得的资源十分有限，尤其是在医疗方面，乡村及县城的医疗条件相对较差，很多疾病无法根治，若转到城市医院，相关联的费用会更多。况且在农村的生活条件也无法保证患病者能尽快痊愈，大多时候农村患病者多处于带病劳作状态，很难以十足的体力和精力进行生产生活。因病致贫体现的问题是县城医疗资源配置有待升级，相关农村医疗保险制度需要进一步完善，在农村因病致贫的人口存在一定基数，说明农村医疗保险相关政策还需改善和调整。

从农村人口的消费习惯和传统观念来看，医疗支出占有一定比重，由于生活条件及饮食习惯、卫生等方面因素，农村患病概率较城市来说略高。在农村的民众患病前后心理预期方向是不一样的，在患病前多以储蓄资金为主，计划着用于建房、升学、为儿女操办婚事等；在患病后原有计划被打破，其他方面的支持多用于治病，即使病治好了，但多年积蓄却大幅减少，也不利于后续的家庭发展。政府在推进扶贫的过程中，不能只治标不治本，农村存在因病致贫的问题还是农村医疗保险制度的问题和医疗资源配置的问题，看病难、费用高依然是躲不过去的坎。所以，扶贫工作不仅要针对贫困人口本身，相应的配套政策也要相继完善，否则因病致贫仍然会存在。

(3) 主观原因致贫。

习近平总书记曾经强调过："脱贫致富贵在立志，只要有志气、有信心，就没有迈不过去的坎。"扶贫工作不仅仅是要把贫困人口的生活标准提高，让他们条件所有改善，更重要的是让他们在精神上彻底脱贫。"扶贫"的最终目的是"脱贫"，而"脱贫"的标准体现在"口袋"和"脑袋"两方面，而这两者又存在必然联系。通过简单的给钱给物能使"口袋"鼓起来，但由于"脑袋"不充实，在未来的发展过程中，"口袋"还会瘪下去，而且习惯于"要"财富会使人逐渐失去"创造"财富的本领和信心。扶贫先扶志、治贫先治心，贫困固有外界不可抗拒的因素，但是在贫困的地区也会有富人，真正的致贫原因仍然是自身主观原因。贫困人群因为贫而产生放弃学习、放弃脱贫的想法，进而进入恶性的循环，越穷越没信心，越没信心就越没有脱贫的办法，久而久之便逐渐接受现状，得过且过，对未来没有向往和追求。在这种情况下，不论我们有多么好的扶贫政策，都很难产生较好的预期效果，所以扶贫工作的战略重心是扶心、扶志。

扶贫工作不是简单地由政府出钱、政府出人来快速提高人均生活水平，而是要扶出能力来，扶出其在市场经济中的定位来。如果只考虑眼前成效，以"时间紧、任务重"为理由，匆忙交卷，就是对贫困民众不负责，不仅浪费了人力、物力，也会给未来的扶贫工作增加负担。所以扶贫工作要对症下药，用精准的方式才能取得预期成效。

扶贫工作需要民众的共同参与，如果能够充分调动贫困民众参与脱贫的积极性，政府可以节省许多资源和精力，把节省下来的资源和精力用于"搭台"，为贫困民众更好地"唱戏"做准备。政府在落实相关扶贫政策的同时，更要关心的是如何扶志、扶心。习近平总书记在河北省阜平县考察扶贫开发工作时曾强调："治贫先治愚。要把下一代的教育工作做好，特别是要注重山区贫困地区下一代的成长。下一代要过上好生活，首先要有文化，这样将来他们的发展就完全不同。义务教育一定要搞好，让孩子们受到好的教育，不要让孩子们输在起跑线上。古人有'家贫子读书'的传统。把贫困地区孩子培养出来，这才是根本的扶贫之策。"教育是最好的扶志、扶心方法，通过教育，一方面增长才干，获得与先进技术、先进思想的接触机会；另一方面激励向上的斗志，形成积极上进的传统。这些都是精准扶贫应予关注的核心领域。

（4）远离市场致贫。

一些地方政府的扶贫开发没有针对性，照搬其他地区做法，没有对本地区贫困状况进行深入调研和分析，没有对扶贫人口进行精准分类，也没有对致贫原因进行精准分析，致使政府出台的政策比较固化，缺少灵活性。从市场的角度来看，贫困问题之所以久悬不决，就是因为贫困人口的经济活动没有真正进入市场，政府的扶贫工作也没有真正利用好市场机制这种状况，具体表现为以下两个方面：

第一，信息不对称。在以往扶贫过程中，政府为贫困地区和人口提供资金、物资援助，并提供优惠创业政策和资源，鼓励贫困人口创业办企业，但在扶贫过程中，忽视了信息的重要性。一方面，补贴方式的扶贫效果的不彻底性没有得到充分的反映，并不是所有的贫困人口只要获得财物就能脱贫，帮扶方式与被帮扶者意愿不对称。另一方面，鼓励创业的扶贫方式往往忽视了贫困人口创业能力的缺失，贫困人口大部分不具备创业办企业能力，政府制定政策初衷是好的，但不具有可行性。特别是外部市场信息不能与贫困地区充分沟通，贫困人口能够生产产品或者提供劳动力，但往往没有以市场需求的判断为前提。

第二，市场定位不准。贫困地区的产业发展相对落后，往往没有形成具有足够市场影响力的产业，不能带动整个区域产业的发展，也不能根据市场经济形势调整产业结构。各产业部门各自发展，没有形成合力，在市场环境急剧变化的情况下，产业结构脆弱，不能适应，经济逐渐衰落。形成这些现象的主要原因在于，贫困地区往往只着眼于自身的资源禀赋，而没有看到正是由于其自身的资源禀赋在市场中不具备足够的优势才造成了贫困现象。因此，充分挖掘本地资源禀赋的潜力是必要的，但不要拘泥于当地资源禀赋的约束。选择具有市场前景，特别是市场需求较大的产业领域，才是依赖市场脱贫的关键。

3. 精准扶贫的意义

习近平总书记执政以来，一直把扶贫作为重点工作，他曾指出社会主义的本质就是消除贫困进而实现共同富裕，并于2013年提出精准扶贫这一新理念。对于精准扶贫理念的提出，并不是在短时期内形成的，而是源于习近平长期的基层工作经历，他的思想是在工作实践中不断完善和修改，最终形成的治国新理念。

习近平总书记在党的十八大之后提出了"中国梦"这一重要执政理念，为全党和全国各族人民指明了正确方向，并且制定了"两个一百年"奋斗目标。这一时期，我党要完成"全面建成小康社会"的奋斗目标，这是"中国梦"重要的组成部分，更是实现"中国梦"事业的里程碑。"全面建成小康社会"关键在于"全面"，不放弃任何人群，共同进入"小康社会"。就在这攻坚阶段，我国仍然存在贫困人口和地区，"扶贫"对于党和政府是一项十分紧迫的重要工作，越是艰难越是要攻克。习近平总书记在全党最后扶贫冲刺的关键阶段提出了"精准扶贫"这一重要论述，为我国扶贫工作指明了正确方向，更重要的是加快了全面建成小康社会的步伐，为"中国梦"的实现打下坚实的理论基础。

二、精准扶贫与市场思维

1. 让贫困人口融入市场

利用市场的力量来扶贫,首先要让贫困人口走进市场,了解市场,进而融入市场,成为市场不可或缺的有机组成部分。

(1) 让贫困人口成为需求者,需求心理预期向平均消费水平靠拢,增加脱贫的心理动力。贫困人口消费水平低于平均消费水平,需求心理预期较低,并且这种预期一直处于停滞状态,很难自然提升,也就是保证最低的生活标准,对于更好的生活没有较强的需求预期。如果贫困人口的需求心理预期能与社会平均消费水平靠拢,会无形中形成内在脱贫动力,对更好的生活有所向往,有利于增强参与市场活动的积极性和能动性。进而使贫困人口从需求者成为市场的生产者,向市场输出劳动力、农业手工产品,并获得相应报酬。通过提升需求心理预期,贫困人口可以从脱贫者成为市场的参与者。

(2) 让贫困人口进入市场的信息体系,促进信息对称,帮助调整需求和供给的市场定位。信息时代的特点是通过对数据的收集和整理,能够对外来的行为作出合理的决策与参考。由于信息的闭塞,必然导致贫困人口对于需求和供给心理预期形成非理性的偏差,他们更愿意以固化的思维思考问题,所产生的行为不能与市场相匹配。贫困人口可以通过信息系统了解外界市场需求,知道应该生产什么样的产品向市场供给。如通过网络数据可以知道消费者消费喜好,市场需要绿色食品,农民可以改变种植方式,生产出绿色农作物,让需求与供给能够精准对接。特别是通过大数据的信息共享，可以让农民避免跟风式的过剩生产陷阱，减少产品不对销路的现象。

（3）让贫困人口成为供给者，成为市场运行中不可缺少的一部分，紧密融入市场，而不是浅尝辄止。贫困人口只有向市场提供自身产品才能获取财富，逐步改变自身依靠政府补贴、政府扶植的状况。在激发其需求心理预期、明确市场定位之后，贫困人口可以做出有限理性下的选择，无论是外出务工，还是利用当地资源创业，都会让其成为市场上的供给者——劳动力的供给者或者特定产品的供给者，而只有成为供给者，贫困人口才具备了财富的创造能力。在此，政府有关部门可以重点关注贫困人口如何借助市场力量变成供给者的科学性。

2. 依靠市场来选择扶贫产业

贫困地区科学选择主导产业，是贫困地区快速脱贫的有力手段。在市场经济背景下，科学选择主导产业，市场需求的方向、产业革命发展的趋势、资源的集聚等都是必须依赖的基本要素。

（1）以需求的发展为导向。市场需求是经济发展的指示灯。我们通过对市场原理的重新认识，发现了市场中真正的决定性力量是需求，而不是供给。没有需求的供给，不管多么廉价和优质，也只能是无意义的供给，也无法在市场上实现。特别是在当前需求超越大众消费的社会发挥了对市场直接决定作用的历史阶段，无视需求而盲目供给，无异于南辕北辙。在贫困地区，主导产业的选择不能依靠以自身资源禀赋为出发点的固化思维进行选择，而是要根据市场需求进行合理规划。在贫困地区以县域为单位培育主导产业，扶植重点扶贫企业，为贫困人口提供就业岗位。加强农村基础设施建设，培养产业环境，以带动村镇产业成片发展。密切关注市场需求动向，调整产业结构，合理安排资源配置。

（2）以产业革命为依托。以第四次产业革命为契机，着力推广"互联网+农业"，使信息技术与传统农业相结合。利用云计算、大数据、移动互联等信息技术，及时掌握市场动向，引进先进农业经营思维和技术。通过互联网打破与外界沟通的束缚，信息可以自由传递，外界资源可以进行有效对接，对落后生产力进行升级改造，实现农村生产效率的提高。

（3）跳出资源禀赋的束缚，发展跨业、兼业、融业的混合经营产业综合体。资源禀赋可以成为区域发展的优势，但同样可以束缚区域的发展。贫穷地区往往就是因为资源禀赋不好，所以要跳出资源禀赋的惯性思维，选择适合自身发展的经营模式。面对大多数贫困地区自身资源禀赋较差的客观情况，应大力加强与技术、资金、企业家等高级资源禀赋丰富的区域的合作，加强与城市的合作。通过导入城市的优质资源，再借助农村的土地、劳动力、当地资源，引进先进农业技术、资源加工技术、高效的管理制度、先进的经营理念，两者充分发挥各自所长，形成产业综合体，就可以形成具有较强产业竞争力的主导产业。

3. 以市场替代政府职能

借助市场的力量，精准扶贫可以逐步实现由市场来拉动贫困地区经济发展，带动贫困人口致富。扶贫工作的成功，最基本的标志就是让市场发挥其积极的决定性作用，让政府最终退出扶贫工作。

（1）导入市场资源替代政府。通过制度改革，让市场资金、技术、人才投入到贫困地区，政府补助扶贫企业，不是补助贫困人口。在以往的扶贫工作中，很多地区都是由政府"搭台"，再由政府"唱戏"。而扶贫工作不应该只有政府在使劲用力，更需要社会与政府共同努力，也就是政府"搭台"，由各方市场资源与贫困人口"唱戏"。由于政府对贫困人口致贫留贫原因掌握不够清楚,再加上一味追求表面政绩的心理作用,使得很多工作都只是过场。扶贫工作时间紧、任务重,需要在短时间内完成既定目标,所以很多地方政府简单直接给予贫困人口资金、物品等补助,不考虑这么做民众会不会接受,会不会有效果,在未来的生活中,脱贫的民众会不会返贫。所以,政府职能需要转变,只"搭台"而不"唱戏",充分调动社会参与扶贫开发的积极性,并根据市场动态,扶持扶贫企业,而不是将财物简单地补助给贫困人口。

(2)扶贫工作与市场行为紧密结合。以扶贫方案竞标的方式,选择扶贫企业的介入,选择合理的扶贫产业、合理的扶贫项目。进而,通过参与扶贫企业的盈利模式竞争,合理选择扶贫方案。市场行为可以作为扶贫工作的风向标,而市场竞争是检验扶贫企业最好的试金石,扶贫企业不能只躲在政策的壁垒里,需要参与市场竞争,以检验盈利模式的可行性。根据市场环境及在竞争中能否继续盈利,进而选择合理的扶贫方案。

三、市场扶贫的精准化

借助市场力量的扶贫,更要以精准化的方式来进行。特别是当前大数据、云计算等数字技术的进步,给精准化的扶贫工作创造了有力的技术条件,使得精准的扶贫更加便利。

1. 以大数据准确把握市场、贫困人口的发展动态

(1)借助信息技术,让贫困地区融入市场。贫困地区作为社会特

殊的存在，更容易受到自然因素和社会因素影响，但贫困地区与市场的脱节在于市场信息的不对称，贫困地区无法经常性和及时性获得外部信息，处于自给自足的状态，经济结构较为简单。如果贫困地区遇上自然灾害，抵抗能力较弱，经济会迅速崩溃，贫困在所难免。借助信息的快速传递，贫困地区可以获得参与外界经济活动的机会，了解外界需求，并能够供应产品，包括劳动力、农产品等，寻找到参与市场活动的契机，收入类别丰富，经济结构不再单一，收益率不断提高，对市场的依赖性逐渐增强。生产生活活动越依赖于市场，才更可能主动融入市场。

（2）引导贫困人口思想脱贫。教育是最好的思想脱贫方法，通过教育能使人在技能和思想认识上都有所提高，对于未来会有追求和向往，重要的是通过对下一代的教育来杜绝恶性循环，上一代消极思想不会对下一代造成影响。但对于当前这一代贫困民众，更多的是一种激励，"授之以鱼不如授之以渔"，没有免费的午餐，任何收获都需要劳动，也就是政府提供平台，贫困民众需要依靠自己的能力去获得财富，没有能力的要学会掌握脱贫致富能力。总之，思想脱贫在于扶志、扶心，而不是一味地给予。

（3）准确把握贫困地区资源、贫困人口的供给能力。对贫困地区资源状况进行梳理，包括有形资源和无形资源，具体为水资源、矿产资源、土地资源、生物资源及文化资源等。准确对贫困地区资源进行划分，有些资源直接进行投资就能获得利润，市场具有硬需求，如绿色农产品；有些资源需要科学规划，并需要大量资金投入，在未来会有产出，如旅游文化产业。准确掌握贫困人口的供给能力，根据现有可投资价值的资源，扶持贫困人口投身于所在地区资源开发。

（4）跟踪市场、产业发展动态，帮助贫困地区预警。大数据可以弥补贫困地区信息匮乏的短板，特别对于农产品来说，在供给市场反映后，需要对生产进行调整，而调整周期可能需要一年。所以大数据在农产品进入市场前就要跟踪市场、产业发展动态，对市场预期进行分析，借助大数据对农产品制订生产计划，并分析供给是否矫枉过正。

（5）跟踪贫困人口发展动态，当贫困人口具备能力，就鼓励、资助其创业。扶贫工作需要精准的管理作为保障，每一贫困户都要建立信息档案，一方面是贫困人口的基本信息，另一方面是政府针对贫困人口的脱贫方案，通过精准跟踪管理，在贫困人口获得脱贫技能后，可根据实际情况进行帮扶。

2. 以准确的市场定位保障脱贫

（1）主导产业市场定位的调整、转型。贫困地区应明确主导产业，带动区域经济发展，对区域内的各产业部门产生积极影响。准确分析贫困地区自身优势与劣势，根据当前市场经济形势和区域内各产业部门生产特点，制定合理发展方案。

（2）贫困人口自身的准确定位。贫困人口作为脱贫帮扶对象，首先在接受帮扶之前就应对自身进行准确定位，是原地打工、创业，还是卖地进城，或是移民他地。自身准确定位的前提是准确分析外部环境，贫困人口致贫原因多样复杂，每个人基本情况也存在较大差距。所以，对于贫困人口自身的定位实际是选择参与市场经济活动的正确方式，自身与市场两个方面都需要准确认识。

（3）扶贫企业的准确市场定位。扶贫企业是扶贫开发的有效工具，企业在市场运行中的宗旨始终是要盈利，而扶贫企业是在盈利的基础上要带动贫困地区经济发展，带领贫困人口脱贫。所以扶贫企业项目的选择，一定要迎合市场需求，并且是贫困地区具有相关资源能够支撑企业生产的，同时扶贫企业的生产工作是贫困人口能够胜任的。

3. 对扶贫模式管理的精准化

（1）针对扶贫企业实施精准的数字管理。扶贫企业是贫困人口在脱贫前的战斗堡垒，贫困人口是扶贫企业的主要力量，扶贫企业存在的主要意义是帮扶贫困人口脱贫，所以贫困人口又是扶贫企业的服务对象。在扶贫企业的实际建设过程中，由于贫困人口没有资金投入，前期需要借助政府和社会力量帮助，在搭建框架完成后，贫困人口可以选择土地资源入股的方式成为企业所有者，也可以选择在企业工作成为企业的雇佣者。这种扶贫企业运作模式，在一定程度上让贫困人口具有归属感，并起到提高工作积极性的作用。

扶贫企业对于贫困人口不仅是提供工作岗位，最重要的是使其通过在企业工作提升自身技能。在进入企业正式参与生产之前，需要对贫困人口进行基本培训，在正式参与生产之后，要定期进行培训，并根据不同岗位、不同性别、不同年龄、不同兴趣进行个性化技能培训，能够使他们完全掌握脱贫技能，即使离开扶贫企业，也会有较好发展，并且可以通过自身努力致富。

贫困人口在扶贫企业的发展规划要进行精准管理。从基础技能培训，到后续技能提升，再到技能成熟，都需要企业进行精准跟踪管理，在不同阶段结合实际情况进行针对性调整。

（2）针对移民、进城贫困人口进行精准的数字跟踪服务。移民或者贫困人口进城是最直接的扶贫开发模式，改变原来的生活生产方式，并离开贫困区域，在客观上是改变了自然环境和社会环境，如果不考虑主观因素，贫困人口脱贫的概率上升。但是在移民或者贫困人口进城后，会面临新的问题，例如，贫困人口自身情况能否适应新环境，即使适应新的环境，会不会由于技能缺失、脱贫意愿弱、疾病残疾等致贫主观原因无法脱贫。所以在移民或者贫困人口进城后，需要对他们生活状况进行跟踪管理,而不是简单地让他们离开贫困地区。在生活中,基本生活是否能够保障,子女受教育是否存在障碍,医疗卫生需求是否得到满足,能否与新环境文化相融合等,都需要扶贫机构联合社区进行一一跟踪管理。

贫困人口进城后,最直接的影响就是收入方式的改变。以往依靠土地,生产农产品,主要是依靠体力输出,而进城后的最初阶段,贫困人口仍然需要依靠体力输出,只是体力输出的方式存在很大差异。农村生产活动中,主要依靠的是经验,而进城依靠的技术。所以贫困人口进入城市后,需要对他们的就业状况进行跟踪管理,及时了解就业是否存在困难,在就业过程中是否存在技术缺陷等问题,然后针对实际问题,制定贫困人口就业方案,开展就业帮扶措施。

贫困人口最后能不能融入新环境,不仅在于能否解决他们的温饱及就业问题,还要看他们是否在城市中有归属感。贫困人口进城在形式上已经成为市民,更要在思想上成为市民。贫困人口要融入城市,就需要改变原有的固化思维,重新确立人生观、价值观,重新设定人生计划。政府和社会组织需要提供学习、培训的平台,使进城贫困人口获得在城市生存的技能,逐渐适应城市的生活方式。

第七章　心理预期的房地产市场

传统市场经济理论的"双核心模式"难以解释现实中的新市场现象，并逐渐暴露出其理论的不彻底性。这种不彻底性主要体现为大量"价格失灵"现象的涌现，如食盐、洗衣粉、卫生纸等日常用品的"泛吉芬商品化"现象。此外，还有一类最特殊也是最具有代表意义的商品，即房产和地产。在当前繁荣的市场上，房地产商品出现了典型的价格上升与需求扩大相伴随的现象，而当经济市场出现危机，又体现为价格下降与需求紧缩相伴随。

更进一步地说，对于房地产市场的管理而言，传统市场原理的局限性使得以此为依据的政府对市场的管理活动往往取得适得其反的效果，忽视了有限理性下心理预期走向的市场管理往往越管越糟，房地产市场呈现虚高，隐藏了巨大的金融风险，严重制约了房地产市场的健康发展并危害了国家的经济安全。因此，厘清"在有限理性的心理预期下、基于不完全市场前提下"的房地产市场特性、提出行之有效且治标更治本的房地产市场调控政策，对于中国房地产市场的健康发展、居民福利的提高以及国家经济发展金融风险的规避都有着重要的理论和现实意义。

第七章 心理预期的房地产市场

一、不完全市场前提下的房地产市场

1. 不完全市场前提的界定

新的市场经济原理设定的理论前提为不完全市场。归纳而言具体包括：①经济资源有限，经济活动中不存在无限的供给和需求；②空间异质性使得消费者和生产者进入市场存在障碍和壁垒；③产品是有差别的，虽然存在可替代性，但在本质上存在异质性；④市场的信息不充分且普遍存在不对称情形，无论消费者还是生产者在不对称信息之下都是有限理性人，且对市场存在自己的心理预期。

可以看出，房地产市场是完全符合这样不完全市场前提假设的。具体表现为：第一，对于房地产市场而言，房产供给受到土地供给和土地价格的高度制约，尤其在当前的中国，存在供地失衡和地价失衡的双重现象。土地供应方面，国家的18亿亩耕地红线要守住，而改革开放以来，耕地已减少了3亿余亩，土地供应的总量随着时间推移必然逐渐减少，城市用地也会受到制约。供应给城市的用地，按用途又会分为农村建设用地、城市基础设施、工业和住宅四大部分，真正可以利用的土地其实已经很有限。同时，越大规模的城市，城市批地越紧张、越有限，这就导致了大城市的土地供应严重受到制约，因此越大型的城市，土地价格越高，直接导致了房价的攀升。此外，土地价格方面，土地市场上的拍卖制度会进一步推高地价。加之很多城市旧城改造以及拆迁，都会带来巨大的土地成本。因此，在一个总体上新供土地短缺的情况下，拍卖制度、老城改造、拆迁循环三个机制叠加在一起，就会导致土地价格高企、房价滚动攀升。这样，供地失衡和地价失衡共同作用，导致房地产市场上供给资源受限。

第二，房地产市场发展的空间异质性严重，表现为高度区域分化，而这种分化背后的原因是房地产市场上的"供需错配"。从需求角度来看，一二三四线城市之间出现逐渐分化，一二线城市房地产市场持续升温，库存下降明显，三四线城市房地产销售低迷，大量库存囤积。同时，新房和二手房的分化差异很大，不同城市或者同一城市不同区域房地产市场之间甚至不同的产品之间供需结构和周期变化的差异越来越明显。从供给角度来看，由于房地产市场的过度繁荣，开发商从未重视新技术和新模式的应用，导致供给结构单一，无法满足居民对改善型住房或住房品质的需求。供给市场上并没有在提高供给质量的前提下开拓产品创新的维度，同时，不同地区房地产供给效率、产品的适应性和灵活性、社区服务能力等方面都提升缓慢且分化严重，进一步加剧了房地产市场的区域分化现象。由上述可知，房地产市场上的供需错配问题造成的区域分化现象，一方面会加重中国区域经济发展不均衡情况，另一方面会影响中国经济的可持续增长。

第三，房地产商品本身具有高度的异质性。一方面，由于土地的不可移动性，每套房产都具有一个唯一的、不可复制的位置，加之房产所处空间区位的不同，其所属的自然条件、社会条件和经济条件都存在差异，并且建筑物的样式、朝向、楼层、规模、装饰、基础设施和物业条件等方面都千差万别。这些特点均强化了房地产的异质性，即房地产是完全差别化的商品。另一方面，房地产的异质性意味着能使资源得到有效配置的完全竞争市场不可能存在。房地产与大米、蔬菜或者矿产这样的普通商品具有明显的区别。房地产属于完全异质性，后面几种商品却基本同质，可以按照数量来进行交易。相比之下，大多数的耐用商品市场介于这两种极端状况之间，属于产品部分差异化市场。如对于汽车市场而言，很多汽车虽厂家、型号各不相同，但在一定程度上可以互相替代，而对于房地产市场，没有任何两宗物业是完全相同的。产品的差别意味着垄断的存在，产品的可替代性则意味着竞争的存在。如有差别则垄断发生，差别的程度越大，垄断的因素就越大，这种差别化使得每一个生产者所提供的产品都是不同的。因此，房屋开发商每开发一处楼盘，实质上都成为了该物业的垄断者，即对房产拥有一定程度的垄断权，可以在一定程度上决定房产价格，这就构成了房地产市场中的垄断价格。另外，房地产商品的差异性要比许多寡头垄断行业的商品差异性大得多，因此房地产垄断竞争的企业数量可能多于其他寡头垄断行业的企业数量，但是房地产行业的垄断力量却更强。

第四，房地产市场上存在严重的信息不对称现象，消费者和开发商（尤其是消费者）都表现为有限理性。房地产开发经营中一般包括政府部门、房地产企业、金融机构和消费者四个主要部分，信息不对称现象发生于这四个主要主体之间。首先，房地产商与消费者之间信息不对称。在房地产交易市场上，处于卖方市场的房地产商具有较强的信息优势，他们掌握着房屋的地理位置、自然环境、交通情况、成本、质量和销售情况等大量信息。消费者只能通过广告、宣传和直观感受来了解房屋的情况，对于隐蔽信息知之甚少，处于信息劣势地位。其次，房产中介与消费者之间信息不对称。房屋中介产生的初衷是为了解决房地产市场上消费者处于信息劣势地位的问题，然而由于房屋中介与消费者的利益不一致，中介各方情况消费者也并不能完全掌握，因此在中介市场上也产生了信息不对称现象。部分中介机构出于自身利益的考虑，采取手段使买方出高价、卖方出低价，从中赚取中介费，还有个别中介机构利用信息优势欺骗消费者，提供低质量的服务或是低质量的房屋以从中牟利。最后，房地产商与政府和金融机构之间信息不对称。房地产商想取得土地需要得到政府批准,要得到投资资金就需要通过金融机构,但无论政府还是金融机构都受到管理方式、专业水平和监督成本等方面的限制,难以全面获得房地产开发商的实际情况,而房地产商为了自身利益,有时会提供虚假信息,这就导致了房地产商与二者间的信息不对称现象。

2. 房地产市场的双重属性

基于上述不完全市场前提,房地产本身具有消费与投资双重属性。房地产是房产与地产的统称,包括实物形态和虚拟形态两部分。实物形态的房地产是指土地、建筑物及固着在土地、建筑物上不可分离的部分。虚拟形态是指其附带的各种权益,如房屋所有权、土地使用权等。房地产作为物质存在与财产权利,在经济活动中可以衍生出房地产所有权市场、房地产使用权市场、房屋抵押贷款市场和房屋租赁市场,等等。周建成(2007)认为,房地产的属性随着人类活动与经济社会的不断丰富与发展,逐渐由单一变得多重,经历从必需品到生产要素,再到具有投资、投机属性的工具。因此,房地产因为其自然特性与社会经济特性,在整个经济市场、社会发展中起到非常重要的作用。房地产的自然特性包括:地理位置的固定性、有限性和独占性,使用的耐久性,土地资源的有限性,物业服务的差异性,等等。其经济特征包括:房地产财富价值的升值性、折旧性以及资产密集性特征,房地产的银行信贷抵押品特性,房地产的投资特性(保值和增值功能),等等。

最初时期房地产只是一种生产要素或者居住必需品,属于实体经济领域。随着金融市场逐步自由化以及人民生活水平的提高,家庭和企业的投资行为愈加普遍、投资领域也愈加扩张,以房地产为代表的非金融资产开始成为了重要的投资手段和工具。购房者拥有房地产所有权，房地产的保值增值功能、抵押特性以及可收取租金等特征使得房地产融资与获利的功能更加重要。这时的房地产就不再像生产要素、必需品那样直接参与生产与消费的基本活动，而带有了浓重的投资甚至是投机意味。

对于购房者而言，房地产的双重属性决定了它具有物质财富与虚拟财富的双重性，但房地产的自有特性又使得它的虚拟性低于金融资产。房屋是真实存在的物质财富形式，是家庭财富的重要组成部分。同时，房地产的投机（投资）属性使得房地产价格有强烈波动性，房价围绕着房屋真实使用价值上下波动，由资本化定价方式决定，同时具有一定的风险，因此属于虚拟财富的领域。然而，关于虚拟财富的定义学界还存在一定的争议。刘俊民（2002）等人认为虚拟财富也是真实财富，因为人们不仅重视物品本身，还重视其背后的实际价值，虚拟财富在一定意义上反映了财富的本质属性。但更多的人坚持对于房地产而言，虚拟财富与物质财富是其两种属性，既不可同日而语又不可分割，如张仁德和王昭凤（2004）、李宝翼（2005）等。本书的观点与后者相同，即房地产的物质财富属性与虚拟财富属性是共存的，有本质区别却也相互联系。物质财富先出现，进而衍生出虚拟财富，虚拟财富反过来通过再分配功能作用于物质财富的生产、流通、消费等环节，二者都是社会财富创造的参与者。

在此有必要提及两点尚存在争议的问题，一是关于房地产作为投资品和投机品的区分，二是关于居民自有住宅是消费品还是投资品的争议。在第一个问题中，徐滇庆（2006）认为很难说具有虚拟财富属性的房地产究竟属于投资品还是投机品，因为这个界限是模糊的，而且衡量标准一直在变化，本属于投资品的房地产可能在条件变化后就属于投机行为。周建成（2007）认为在理论上投资和投机行为是可以界定的，并分析了房地产的属性嬗变与市场演进。他认为无论是投资还是投机行为都是低价买入房产进而高价卖出从中获取利润的行为，但最重要的区别在于投资行为是以消费者的真实需求为依托，而投机行为是个人或团体利用规模较大的本金买入大量房产，通过"羊群效应"来维持，从中获取巨额利润的行为。但大量的投机行为会催生经济泡沫，使价格产生虚高，形成巨大风险，不利于经济的健康发展。对于第二个问题，张永岳、周建成（2009）做了详细的总结与区分。西方一些学派持有自有住宅"投资说"的观点，认为住房的购买都属于投资行为。曼昆也认为，买房相当于居住投资，无论对于自住还是出租都属于投资活动。然而更多的学者认为自有住房属于消费品、生活必需品，但是具有不同于其他普通消费品的特殊性，因此不能单纯基于普通消费品价格形成机制来研究房价的形成与波动。

综上所述，房地产是一种具有多重属性的资产，除了传统意义上作为必需品的属性，还包括了投资品（包括抵押品）以及具有投机套利性质的投机品等属性，但是对于投资品与投机品的分类与界定并不是本书重点讨论的问题。因此，在叙述中本书只以物质财富和虚拟财富的视角来区分房地产的属性，将投资品和投机品都归为虚拟财富，重点强调房地产作为必需消费品和投资投机品的双重属性这一特点。

3. 双重属性下心理预期的作用

虽然在关于市场机制的理论中，价格一直被视为"看不见的手"而发挥着资源配置的作用，但现实的市场行为中，价格因逐渐失去原有的指向功能，其调节市场的能力愈加有限。笔者认为，真正决定市场运行的根本力量是供需双方市场参与者的心理预期，其通过消费者的心理预期形成需求，再通过生产者心理预期带来供给。然而，心理预期的作用在不同的市场条件下会表现为不同的方向和形式，对于房地产市场而言，则会因为其具有的双重属性而表现为不同的作用方式。

第七章　心理预期的房地产市场

对于房地产商品的消费品属性而言，商品需求大多为刚需或者改善性需求，在不完全市场的前提下，消费者如果对房产价格的预期是上升的，就会偏好于采取尽早购买的决策，以实现支出的节省。因此房地产市场上会出现价格越高、购买需求越旺盛的现象。近年来时常出现的商品房抢购热潮，也往往是由于消费者普遍存在对未来价格上涨的心理预期而产生的行为。这种行为无形中抬高了市场价格，导致了生产者因收益提升也产生价格提高的心理预期进而增加供给。随着供给的增加，价格上升态势可被一定程度地扭转，需求或可得到一定程度的稳定。然而，房地产市场的消费品属性和投机品属性通常会在这种螺旋式关系中进行转化，其界限往往比较模糊。

对于房地产商品的投资投机品属性而言，由于房地产商品具有了类似金融性质商品的特点，而脱离了生活必需品的范畴。需求方进行市场交易行为的前提是要获得投资回报，因此其心理预期主要参考投资成本与未来收益的差额，即未来房产价值与当前购买成本之差。这样，无论商品的供给是不足还是过剩，只要需求方预期房产存在升值潜力、可在未来获取更多财富时，就会进行交易，房产需求扩大，即出现价格升高、需求扩大的现象。这种现象会使得房屋供给方产生未来收益提升的心理预期，进而扩大供给量，如建筑、开发新的楼盘等。如此循环往复，直至需求方的投资成本逐渐提高，可预期的收益逐渐被抬高的价格成本所抵消时，价格上涨态势才会减缓。反之，当房地产价格下降时，市场上会出现不同心理预期的需求方，部分认为价格未来下跌会及时止损，部分会继续囤积商品以期未来价格再次上涨时牟利。当市场下跌幅度已经达到使得需求方乃至供给方均产生负向的心理预期时，双方会认为价格下跌将是无法挽救的，持有房产者会大量抛售，价格越低，需求却越少，最终将导致市场崩盘。

二、几个典型化事实

那么,房地产市场上的刚需和投机性需求是否有稍微明确的区分?我国的房地产市场价格形成机制是怎样的?土地市场、销售市场和租赁市场在价格形成机制中的作用是怎样的?我国房地产市场价格的大幅波动与经济增长有着怎样的关系?这种关系背后隐藏着怎样的深义?明晰这些问题,无疑会更加深刻地理解新市场理论下的房地产市场,也会使得政策建议的提出更加具有现实性和科学性。

1. 租赁市场的作用与"潜在房价"的提出

随着我国近年来房屋销售价格的飞速增长,高房价背后的投机需求愈加高涨,房屋租价比指标愈发偏离合理区间。在一个成熟健康的市场中,房屋租赁市场是房地产市场中体现居民真实住房需求的重要一环,因其中价格虚高成分较少,可作为房地产需求分析的基本面。因此,明晰房屋租赁市场在整个房地产市场中的地位以及租价在房价形成机制中所起的作用对于考察中国房价是否已脱离基本面、明确投机需求和消费需求在房价中的占比有着十分重要的意义。

(1)关于房地产市场中的租赁市场。

关于房屋租赁价格的研究,马克思认为,销售价格和租赁价格都是房屋价格的货币表现形式,分别在销售市场和租赁市场形成。土地

第七章 心理预期的房地产市场

并不是地租的源泉，只是租金产生的条件。[①] 根据 Gordon（1962）现值模型，租赁价格与销售价格间有着密切的联系。如果租赁价格是以房价的基础价值计算出来的，除非销售价格偏离基本价值，否则由销售价格和租金得到的房价是一致的。从现值模型出发，学者们将房地产市场中的价格/租金视为股市中的价格/红利。Poterba（1991）认为现值模型不能解释房屋销售价格的全部变化，销售价格和租金的变化并不总是一致的。Meese 和 Wallace（1994）认为由于信息不对称、高交易成本和资本市场的"理性泡沫"，在短期房价会偏离基本价值。Case 和 Shiller（2001）也从现值理论出发，认为房租与房价类似于股票价格与股票红利之间的关系，可以最终表示为：

$$P_t = E_t\left[R_t + \sum_{k=1}^{\infty} \frac{R_{t+k}(1-\delta)^k}{\Pi_{j=1}^{k}(1+i_{t+j})}\right]$$

其中，P_t 为房价，R_t 为租价，δ 表示折旧率，i 是贴现率，因此房价可以看作租金在未来向现期的贴现总值。

DiPasquale 和 Wheaton（2002）的《城市经济学与房地产市场》一书中，提出了经典的四象限模型，如图 7-1 所示。四象限模型通过建立由 X 轴和 Y 轴划分的四个象限，Ⅰ象限和Ⅳ象限为房地产使用市场，Ⅱ象限和Ⅲ象限为房地产资产市场。在这两个市场中间的结合处，是关键因素——即使用市场上起到决定资产需求作用的租金水平。其中 δ 表示折旧率，$S = D(R, condi)$ 表示需求等于供给，且需求是租价与经济状况变量 condi 的函数，i 为资本化率，也即租价与房价的比值。四象限模型认为，房价与租价是成正比的关系。

上述是传统市场中的情况，然而，中国房地产市场却存在其自身的特殊之处。这里还要另外考虑一个中国特有的情况，即土地产权国

[①] 参见马克思《资本论》第三卷第729页，"自然力不是超额利润的源泉，而只是超额利润的一种自然基础"。马克思. 资本论（第三卷）[M]. 北京：人民出版社，2004：729.

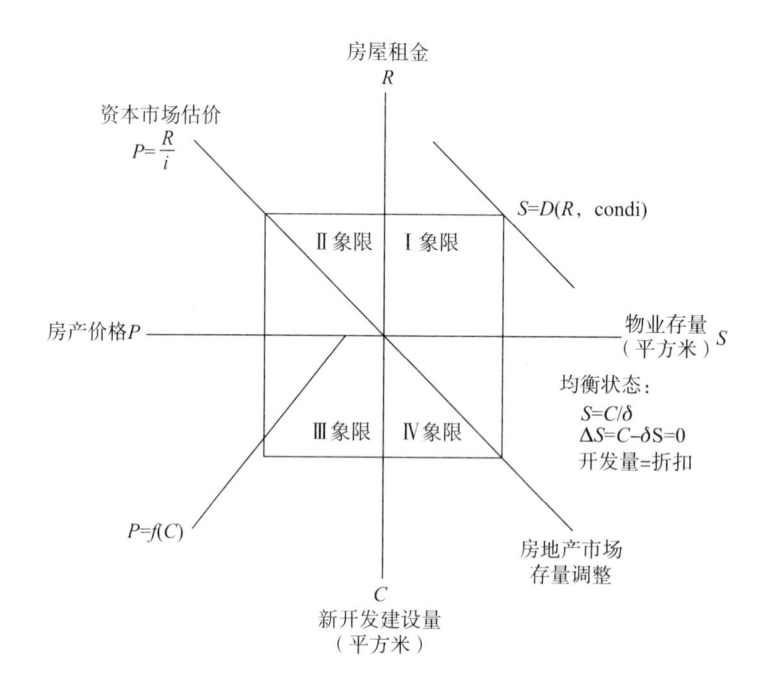

图 7-1 房地产市场的四象限模型

有，居民只拥有土地的使用权而不是所有权，因此在房屋销售市场和租赁市场的基础上还要考虑土地市场的影响。图 7-2 所示的是 1998 年第一季度到 2010 年第四季度的房屋销售价格指数、土地交易价格指数和房屋租赁价格指数的走势。将 1998 年第一季度数据定为基期 100，可以看到一个明显特征是，在过去的 20 年中，土地价格和房屋销售价格呈高涨态势，但是租赁价格却呈非常平缓的趋势，增长十分缓慢。对此，中国土地勘测规划院（2009）从房屋租价比的角度进行了分析，认为中国的房地产市场并不是"租售并举"的，房屋售价与租金并未处在匹配范围内，应多扶植房屋租赁市场的发展，为租售市场协调发展提供政策支持。白积洋（2011）基于房地产的投资特性进行分析，认为我国房价已脱离了租金所确定的基本面，呈现非理性繁荣。

第七章 心理预期的房地产市场

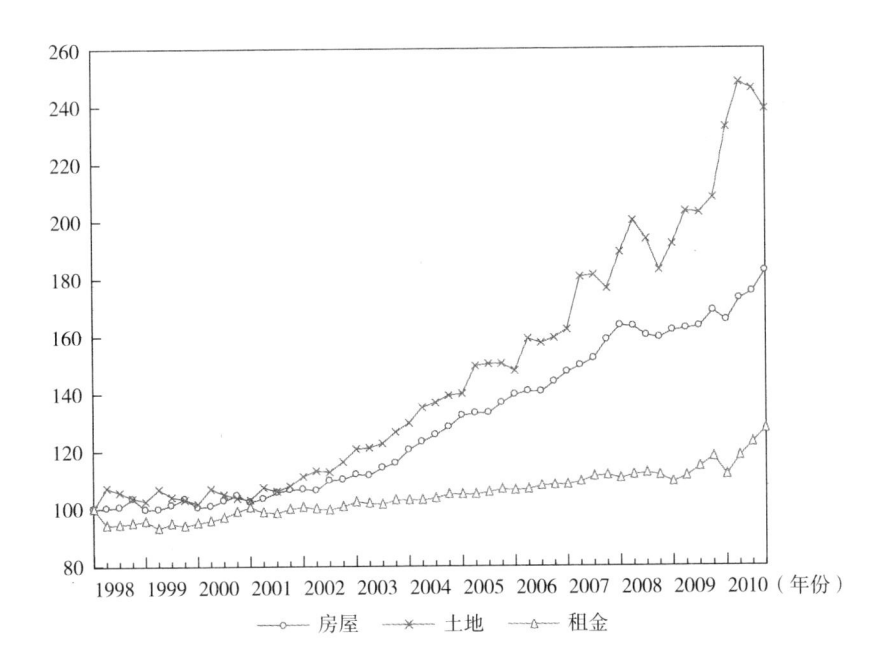

图 7-2 房屋销售价格指数、土地价格指数和房屋租赁价格指数

注：数据来源于国家统计局。①

（2）"潜在房价"的提出。

基于此，笔者不禁考虑，在中国房地产租赁市场究竟起到了怎样的作用？租赁价格究竟代表了什么？房地产商品的双重属性究竟如何体现？房价是否脱离了租价所代表的基本面？其背后的房价形成机制是怎样的？在这里，笔者采用了一个新视角对该问题进行考察，即基于房屋销售价格、土地交易价格和房屋租赁价格这三个代表性的指标提出了"潜在房价"的概念，认为"潜在房价"是一个可以代表整个房地产市场背后的价格形成机制的指标，并试图研究房屋租价与其他两个价格对于潜在价格的贡献率。

---

① 由于房屋价格指数于2011年后就停止统计了，因此本章只使用截止至2010年末的数据。后文的实证研究中也是如此。

可以这样说,"潜在房价"是笔者立足于一个广义层面研究房地产市场时提出的一个新概念。这个"广义层面"即指基于我国土地市场、房屋销售市场和房屋租赁市场这三个市场之间相对独立却又互相关联的关系,如图7-3所示。

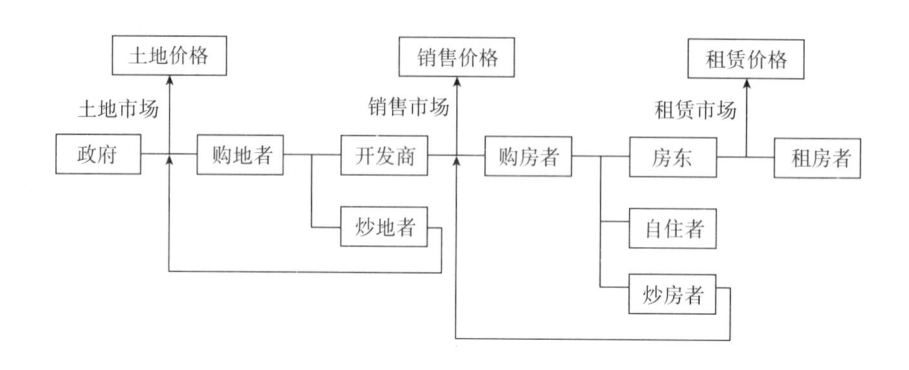

图7-3 土地价格、房屋销售价格和房屋租赁价格

首先,就土地市场而言,政府与购地者之间的交易形成了土地价格。一方面,我国土地国有,政府是土地市场的主要供给者,土地使用权交易市场由国家垄断;另一方面,土地的购买者既包括房地产开发商,也包括一些炒地者。由于土地空间上的固定性和不可移动性,开发商在获得了土地使用权以后便垄断了土地经营权,形成住宅的区位垄断。这种垄断属于垄断竞争范畴,由此住宅资产价格也具有一定的垄断性。垄断可以获得超额利润,所以开发商总是利用这种垄断地位为追逐自身的最大利润服务。但炒地者进行的是一种投机性的投资,土地的使用权在不同的人之间转手,并没有进入真正的生产过程,由此产生的地价高涨就不是真正"存量"的增加,而是一种超过了内在价值、形成了外在繁荣的虚高。一些炒地者或房地产开发商为了自身利益,甚至与部分地方政府官员勾结,进一步加剧了土地市场上的恶

性炒作。

其次，房屋销售市场可以反映消费者的投资需求。开发商建好房后，购房者（包括自住者、将房屋出租的房东以及一部分希望通过套利炒作和投机行为的炒房者）在市场上进行交易，社会对房地产价格短期持续上涨的预期，使得涌入房地产业的大量资本为追逐短期高额利润更倾向于进行时间短、见效快的房地产投机活动。投机需求一旦实现就迅速转化成供给，导致市场上供给迅速增加，新一轮的投资需求造成了总需求的虚高，房地产价格超过其内在价值，也产生虚高。这种恶意炒作或投机行为哄抬了房价，市场中的房价泡沫越滚越大，房屋销售价格已不再真实地反映开发商供给和居民住房需求之间的均衡水平。此外，政府可以通过利率、首付款比例等金融政策，间接影响房屋销售价格。

最后，房屋租赁市场是一个最能反映消费者真实需求的市场。房屋销售市场中出租房屋的房东在房屋租赁市场上与租房者进行交易，形成了房屋租赁价格。租赁市场的特点是竞争性较强，政府较少干预。当房地产销售市场存在投机需求时，供给大量增加的同时需求大量转向销售市场，结果将导致房地产的租赁价格下降。房地产租赁价格绝对下降意味着销售市场泡沫严重。

由此可见，我国房屋销售市场、土地市场和房屋租赁市场是以房屋销售市场为中心的一个整体，影响价格形成机制的因素不仅有供求关系，还有政府、开发商和投机者等不可忽视的共同因素。这些因素同时作用于三个市场，形成某种紧密的联系。因此，它们背后应该存在一个"潜在房价"，销售价格、地价和租赁价格是"潜在房价"的表现形式，而"潜在房价"是体现三个市场共同变动的内在驱动力。如果忽略市场间短期影响，"潜在房价"就是这三种价格的共同长记忆成分。[①] 三种价格紧密联系，它们既是"潜在房价"的重要组成，也势必随着"潜在房价"的波动而波动。如果可以得到各个市场对"潜在房价"的贡献度，即可知道每个市场在房价形成机制及整个房地产市场中的地位和作用。

2. 租赁价格与"潜在房价"间关系的实证研究

上文已经叙述了市场内在的联动关系，本节将基于"潜在价格"的存在性，采用 Gonzalo – Granger 永久瞬时模型和 Hasbrouck 信息共享模型来分离和测度驱动三个价格的共同长记忆成分与短期干扰。

（1）永久瞬时模型和信息共享模型。

1）模型的提出。

Garbade 和 Silber（1979）最早提出了"隐含有效价格"的概念，可视作"潜在房价"定义的雏形。他们认为在不同市场交易的同一证券，相互之间一般都由一个"隐含有效价格"来联系，并首次提出了"支配市场"与"卫星市场"。可以说这个研究是开创性的。Gonzalo 和 Granger（1995）及 Hasbrouck（1995）在向量误差修正模型误差修正向量的基础上推导出了永久瞬时模型（Permanent – Transitory Model）和信息共享模型（Information Shares Model），以测度同一资产在不同市场交易时价格发现功能的问题。自 1995 年以来，二模型在期货—现货市场的研究上被国内外许多文献引用，多用于研究市场中价格发现的"共同因子"。

永久—瞬时模型和信息共享模型的估计都是基于一个无差别的向量误差修正模型：

[①] 此处的"潜在房价"类似于 Garbade 和 Silber（1979）提出的"隐含有效价格"。二人认为不同市场价格受一个共同"隐含有效价格"所驱动，这一因子形成不同市场价格间的共同长记忆成分。

$$\Delta p_t = \alpha\beta' p_{t-1} + \sum_{i=1}^{p-1} \Gamma_i \Delta p_{t-i} + \varepsilon_t, t = 1,2,\cdots,T$$

其中，方程右侧的第一项表示价格序列的长期动态，第二项表示由于市场不完美引致的短期价格调整。可以说，虽然二者都基于VEC模型，但其对于价格发现的认知过程不同，即残差项出现的不同情况。如果不同市场价格的交叉残差项序列无关，利用二模型估计会出现相同的结果，但如果残差项之间存在序列相关，估计结果往往不同。因为永久瞬时模型最初设立时并未考虑序列相关问题，对长记忆成分的分解不依赖于变量顺序，而信息共享模型则考虑了这个问题，采用了克卢斯基因子分解法，通过对变量进行换序来计算不同市场信息共享程度的上下界，它们便构成了一个贡献度的变化区间。

2）永久—瞬时模型。

永久—瞬时模型主要关注每个市场对隐含有效价格的贡献度，将共同成分分解为不同市场价格的线性组合，刻画了不同市场对"隐含有效价格"的作用，且只包含导致不均衡状态的永久性冲击，不同市场对于"共同因子"的贡献度以该市场的误差修正系数函数来衡量，对长记忆成分的分解不依赖于变量顺序。

Stock和Wastson（1988）认为，一组价格向量的共同趋势可以表示为一个永久成分和一个瞬时成分的和。如下式：

$p_t = f_t i_n + g_t$

其中，f_t代表共同因子，i_n是（$n \times 1$）单位向量，g_t是这n个市场中均存在的瞬时成分，长记忆成分$f_t i_n$可由两个条件来界定：第一，共同因子是当前市场价格的加权平均值，即$f_t = \Theta' p_t$。第二，瞬时成分g_t对于价格p_t没有长期影响。当g_t对于价格p_t没有长期影响时，仅有一个权重向量Θ，即$\Theta = \alpha^*$，其中$\alpha^{*'} = 0$，权重向量Θ可以被估出。α^*中的元素经标准化后，就构成了各个市场对于共同长记忆成份的贡献度测量值。

Gonzalo 和 Granger 证明了 Θ' 与 VECM 中误差修正系数矩阵 α 正交，取 e_{0t} 为 Δy_t 对（Δp_{t-1}，$\cdots$，Δp_{t-q+1}）回归的残差项，取 e_{1t} 为 Δp_{t-1} 对（Δp_{t-1}，$\cdots$，Δp_{t-q+1}）回归的残差项，q 为最优滞后期数，定义残差项乘积序列如下：

$$E_{00} = T^{-1} \sum_{t=1}^{T} e_{0t} e'_{0t}$$

$$E_{01} = T^{-1} \sum_{t=1}^{T} e_{0t} e'_{1t}$$

$$E_{10} = T^{-1} \sum_{t=1}^{T} e_{1t} e'_{0t}$$

$$E_{11} = T^{-1} \sum_{t=1}^{T} e_{1t} e'_{1t}$$

由于变量间存在协整关系，解方程式 $\lambda E_{00} - E_{01} E_{11}^{-1} E_{10} = 0$ 可得到特征值 $\hat{\lambda}_1 > \cdots > \hat{\lambda}_k$ 以及对应的特征向量 $\hat{M} = (\hat{m}_1, \cdots, \hat{m}_k)$。满足 $\hat{M}' E_{00} \hat{M} = I$，即可利用 $\hat{\Theta}' = (\hat{m}_{r+1}, \cdots, \hat{m}_k)$ 来估计 Θ。

综上，永久—瞬时模型正是将价格长记忆成分分解为不同市场价格的线性组合，刻画了不同市场对"隐含有效价格"的作用大小。

3）信息共享模型。

信息共享模型同永久—瞬时模型一样，是基于对隐含有效价格的假设建立的。不同之处在于，Hasbrouck 是利用新息方差来度量价格发现中的"共同因子"，即基于对价格冲击的反应而不是对当前市场价格变化的反应。它考虑了序列相关的问题，认为不同的方差—协方差的分解顺序会导致不同的贡献度，而每个市场在过滤新信息时的作用是不同的，如果某个市场可以解释整体波动的大部分，那么长期的价格冲击就来自于该市场。

模型经 VECM 转变为向量移动平均（VMA）的表达形式：

$$p_t = p_0 + \psi\left(\sum_{s=1}^{t} e_s\right) + \Psi^*(L)e_t$$

其中，等式右侧第一项是 n 维常数向量；第二项被定义为共同因子的干扰项部分，表示价格永久性的变动，如：新息；第三项定义为共同因子的暂时性部分，多由于市场的不完美引起，一般有：

$$\Psi = \Psi(k) = \begin{bmatrix} \Psi_{11}(k) & \cdots & \Psi_{1n}(k) \\ \vdots & \cdots & \vdots \\ \Psi_{n0}(k) & \cdots & \Psi_{nn}(k) \end{bmatrix}$$

新息向量 e_t 假设为零均值，其协方差矩阵为 Ω。VMA 系数的和可定义为：

$$\Psi(\text{sum}) = \sum_{k=0}^{q} \Psi(k) = \begin{bmatrix} \sum_{k=0}^{q}\Psi_{11}(k) & \cdots & \sum_{k=0}^{q}\Psi_{1n}(k) \\ \vdots & \cdots & \vdots \\ \sum_{k=0}^{q}\Psi_{n1}(k) & \cdots & \sum_{k=0}^{q}\Psi_{nn}(k) \end{bmatrix}$$

一个市场的信息共享贡献度定义为该市场干扰项与 $\text{var}(\psi e_t)$ 的比值。当 VECM 残差项序列无关时，新息在市场间无关，协方差矩阵 Ω 是对角矩阵，第 j 个市场信息共享贡献度则为：

$$S_j = \frac{\Psi_j^2 \Omega_{jj}}{\Psi \Omega \Psi'}, \ j = 1, \cdots, n$$

当 VECM 残差项序列相关，即新息在市场间是相关的，协方差矩阵不再是对角矩阵。这种情况下要进行方差分解，对协方差矩阵进行三角化，即对 Ω 进行克卢斯基（Cholesky）分解，以得到分解后的上下界。假设第 n 个市场的信息可以表示为：

$$e_t = F z_t$$

其中，F 是对 Ω 进行的克卢斯基分解，它是一个下三角阵，由

$\Omega = FF'$ 得到。新息对于第 j 市场的贡献即为 $(\psi F)_j^2$，得到第 j 市场的信息共享为：

$$S_j = \frac{\Psi F_j}{\Psi \Omega \Psi'}$$

可以看出，信息共享模型得到的结果与方差—协方差的分解顺序相关，可使用将上下界之间数据求平均值的方法来解决该问题，而永久瞬时模型的结果不依赖于这个分解顺序。

（2）房屋租赁价格对"潜在房价"长期贡献率的测度数据的来源与处理。

实证采用了国家发改委的房地产价格分类指数（包括全国房屋销售价格指数、土地价格指数和房屋租赁价格指数的季度同比数据）。由于我国住房改革进行于1998年，而房地产价格指数的季度数据只能取到2010年末，所以样本范围为1998年第一季度至2010年第四季度。以1998年第一季度为基期，定值为100，将同比数据进行调整。调整后的数据部分克服了季节性因素，能够更好地反映出房屋售价、地价和房屋租价的实际走势和统计特征。为了消除异方差性使得数据平滑，对调整后数据取自然对数，分别得到三组序列，记为 HP、LP 和 RP（分别代表房屋销售价格、土地价格和房屋租赁价格的对数序列）。

1）平稳性检验与协整检验。

价格序列的平稳性和市场间协整关系的存在性是检验"潜在价格"存在性和对价格序列进行长记忆成分分解的前提，因此首先对序列进行平稳性检验与协整检验。ADF 单位根检验结果见表 7-1，可以看出土地价格、销售价格和租赁价格的对数序列均是二阶单整序列。为避免高阶非平稳引起模型估计与推断的非稳定性，这里以它们的对数增长率序列（即一阶差分序列）进行研究，ΔHP 为房屋销售价格增长率，ΔLP 为土地价格增长率，ΔRP 为房屋租赁价格增长率。

第七章 心理预期的房地产市场

表7-1 房屋销售价格、土地价格和房屋租赁价格的单位根检验

变量	一阶差分序列			二阶差分序列		
	ADF统计量	1%临界值	结论	ADF统计量	1%临界值	结论
房屋销售价格	1.289	-3.568	不平稳	-10.456	-3.578	平稳
土地价格	-2.988	-3.581	不平稳	-5.353	-3.601	平稳
房屋租赁价格	-2.502	-3.578	不平稳	-12.062	-3.578	平稳

然后，采用Johansen协整检验法对ΔHP、ΔLP和ΔRP进行协整检验，考察三个价格增长率之间是否存在着长期关系。表7-2给出了三者的Johansen协整关系检验结果，可以看到，这三个价格增长率间存在着两个协整关系。进而采用AIC和SC准则确定VAR滞后阶数，来进行参数估计与假设检验。

表7-2 房屋销售价格、土地价格和房屋租赁价格的Johansen协整检验

协整关系原假设	特征值	迹统计量	最大特征值统计量
不存在	0.645	87.816	49.660
至多存在一个	0.460	38.136	29.601
至多存在两个	0.163	8.555	8.555

2）销售价格、土地价格和租赁价格对潜在房价的长期贡献度。

根据Gonzalo和Granger（1995）的研究，两个协整关系存在于三个市场之间，那么可以认为这三个市场的价格增长率间存在一个共同的长记忆成分，即存在一个"隐含有效价格"增长率。这个"隐含有效价格"的增长率受到三个市场的共同影响并且同时对它们有驱动作用。经验数据充分说明，这个驱动它们长期变动的"隐含有效房价"是存在的，而且该三个市场价格增长的长期变动是一致的。

永久瞬时模型会直接测度出每个市场的贡献率，而对于信息共享

模型要进行换序处理,得到每组时间序列对潜在房价的贡献度的上界值、下界值和平均值。这个平均值就是信息共享模型的最终结果,即每个市场对潜在房价的贡献度。最后,将两个模型得到的最终结果一同列入表7-3中,以便对比研究,以上过程均依赖于SAS 9.2编程得以实现。

表7-3 房屋售价、地价和房屋租价的长期记忆共同因子的模型估计与检验

		房屋销售价格	土地价格	租赁价格
	参数	$\varepsilon_{\Delta HP}$	$\varepsilon_{\Delta LP}$	$\varepsilon_{\Delta RP}$
信息共享模型	上界值	89.1%	68.1%	14.6%
	下界值	36.2%	13.4%	0.4%
	平均值	55.6%	39.6%	3.8%
永久—瞬时模型	参数	$\eta_{\Delta HP}$	$\eta_{\Delta LP}$	$\eta_{\Delta RP}$
	估计值	59.3%	40.2%	0.5%

根据信息共享模型和永久—瞬时模型,最终完成了三个市场价格长记忆成分的共同因子的分解。两个模型得到的结果基本一致:房屋租赁价格的贡献度最小,均不足4%,在永久—瞬时模型中租赁价格的贡献度甚至微弱至只起到0.5%的作用;房屋销售价格和土地价格的贡献度构成了对"隐含有效房价"贡献度的主体,其中销售价格贡献度较高,在两个模型中均超过了50%,处于价格引领的地位,而土地价格的贡献度均在40%左右,低于销售价格的贡献率,但是仍起到主要作用。

由上述可知,从长期看,房屋售价和土地价格在"潜在房价"的价格发现过程中起着主导作用,销售价格更加重要,而租赁价格在价格发现过程中作用非常小,微乎其微。从宏观角度出发,说明在我国房屋销售市场起到了引领其他市场的作用。然而,与西方成熟市场相

比，我国租赁价格的微弱贡献率呈现出特殊状态。这一方面说明我国租赁市场在三个市场中的地位较为孤立，价格变化具有相当的独立性，租赁市场还没有发挥其在房地产业和宏观经济中应有的作用；另一方面说明我国的房地产市场确实呈现出一种非理性繁荣局面，市场中过多的投机需求使得房屋售价已经偏离租价所确定的基本面。总而言之，我国的房地产市场上明显存在着房价与租价脱节的现象，这在一定程度上意味着市场中存在着过度的投机需求，导致房屋售价产生虚高，偏离了基本价值。

3. 房价与GDP、政府财政收入间关系的实证研究

通过房价形成机制及路径、三个市场在"潜在房价"形成过程中作用的分析，可以看出房屋销售价格的高企是对"潜在房价"最重要的贡献因素，那么笔者试图找到房屋销售价格高企背后的推动因素。可以说，房地产市场一直是国民经济的支柱产业。然而，在全球金融危机爆发后，我国房地产市场高速发展下隐藏的弊端及问题日益凸显，主要表现为：中央乃至地方政府在"房价增长—宏观经济增长"的模式下逐渐形成了对房地产市场的依赖症，习惯性地"唯GDP是瞻"，长此以往不利于GDP的稳定上涨和房地产市场的稳定发展。随着房地产市场的金融化程度越发高涨，房价已脱离基本面需求，经济增长水平和房地产业发展水平无法形成长期稳定的均衡，这已给我国经济发展埋藏下巨大的金融风险。因此，笔者试图厘清房价与GDP间的关系。此外，土地收入、房地产建设和开发中的税费是地方财政的重要来源，地方政府有着拉抬土地价格和房屋销售价格的内在冲动，因此厘清财政收入和房价间的关系可以在很大程度上分析政府因素及其预

期对于房地产市场产生的影响。① 综上，本节重点考虑需求和政府影响，采用具有代表性的 GDP、财政收入两个指标，分析它们与房价之间的影响关系。

（1）房价与 GDP 间的关系。

由于房屋销售价格指数在 2010 年底便停止了统计，本节中房屋销售价格采用的是中国商品房平均销售价格的年度数据，数据来源于国家统计局和统计年鉴，年度区间为 1978~2016 年。GDP 同样采用 1978~2016 年的数据，数据来源于中国统计年鉴。利用居民消费指数 CPI（年度）剔除通货膨胀带来的影响，设 1994 年为基期，赋值 100，对两组数据进行定基比处理。处理后的数据采用对数进行数据平滑，消除异方差性，得到 GDP 的序列记作 G，ADF 检验得到 G 是一个一阶单整序列，记其增长率序列为 ΔG。同样，房价序列记为 H，其增长率序列表示为 ΔHP。首先针对两组序列进行 Johansen 协整检验，考察房价与 GDP 之间是否具有长期稳定关系，检验结果见表 7-4。结果表明，在 5% 的显著性水平下，房价与 GDP 之间不存在协整关系，即二者之间并不存在长期稳定的均衡关系。

表 7-4　GDP 与房价的 Johansen 协整检验

协整关系原假设	特征值	迹统计量	5%临界值	p 值
不存在	0.1728	7.0356	15.4947	0.5735
至多存在一个	0.0005	0.0179	3.8415	0.8934

---

① 巴曙松指出："根据全国人大常务委员会副委员长盛华仁提供的数据，从 2001 年到 2003 年，地方政府的土地出让收入为 9100 亿元。而在 1998 年，这个数据不过区区 67 亿元。同时，在整个房地产建设、交易过程中，政府税费收入占到房地产价格的 30% 到 40%。如果再加上占房地产价格 20% 到 40% 的土地费用，地方政府在房地产上的收入约占整个房地产价格的 50% 到 80%。" 巴曙松. 政府介入房地产的三条边界 [N]. 每日经济新闻，2005-08-30.

进而对平稳序列进行 Granger 非因果性检验，以揭示二者间的短期因果关系，结果如表 7-5 所示。由于 1994 年可以作为房地产市场的分水岭，我们对 1978~2016 年和 1994~2016 年两段时间段分别进行了检验。结果表明，房价与 GDP 之间存在显著的单相因果关系，即在短期，房价的升高对于促进 GDP 增长有着显著的作用，这种作用在 1994 年之后变得更加显著。

表 7-5　GDP 与房价的 Granger 非因果关系检验

年份	原假设	F 值	p 值
1978~2016 年	房价不是 GDP 的 Granger 原因	2.9844	0.0931
	GDP 不是房价的 Granger 原因	1.8356	0.1844
1994~2016 年	房价不是 GDP 的 Granger 原因	3.7938	0.0672
	GDP 不是房价的 Granger 原因	0.0442	0.8358

可以看出，GDP 与房价间没有显著的长期均衡关系，只有短期房价增长对于 GDP 增长有促进关系，这也可以说是中国房地产市场上异常现象之一。这说明房屋销售价格脱离了 GDP 的增长而增长，在长期经济体中没有形成一个稳定有效的均衡机制。同时，在短期，抬高房价便会刺激 GDP 的增长，因此在短期刺激房市会达到表面上抬高 GDP 促进经济增长的作用。政府看到这种循环模式，会以出台调控政策的形式抬高房价，进而继续促进房价增长。然而，一旦系统中缺少一个长期稳定机制，仅靠这种短期反馈的强化，就很容易滋生房地产泡沫，使经济出现非理性繁荣的虚高，带来很大的金融风险，为经济稳定有效的发展埋下隐患。

（2）房价与中央财政收入间的关系。

近年来，地方政府的土地出让收入大幅增加，1998 年房地产改革初期，土地出让收入仅为 67 亿元，而 2016 年这个数值上升到 3.7 万亿，单月超过 6000 亿元，而土地收入以及房产建设中的税费是地方财政十分重要的来源。一些地方政府进行土地销控，在土地开发商对市场的预期不乐观、购地欲望不强烈的情况下刺激其购地，保证土地出让价格平稳增长不至回落。然而，这种做法扭曲了市场机制，使价格出现虚高，呈现"有价无市"的状况。

因此，本节试图考察国家财政收入与房价之间的影响关系，获取国家财政收入 1978~2016 年的年度数据，同样，因为房屋销售价格指数在 2010 年末停止统计，采用商品房平均销售价格 1978~2016 年的年度数据。利用居民消费指数 CPI（年度）剔除通货膨胀带来的影响，并将各序列 1994 年数据定为基期赋值 100，对整个时间序列进行定基比处理。进而采用对数平滑，剔除异方差性，最终获取财政收入的变量序列 GI 和房价数据 H。经单位根检验 GI 为二阶单整序列，因此针对其一阶差分序列 ΔGI 进行研究，房价数据增长率同样记为 ΔHP。首先，对二者进行 Johansen 协整检验，考察财政收入与房价间的长期均衡关系，结果见表 7-6。财政收入与房价之间在 5% 的水平下存在着两个协整关系，代表二者在长期存在着一个共同因子，即存在长期均衡关系。

表 7-6 国家财政收入与房价的 Johansen 协整检验

协整关系原假设	特征值	迹统计量	5%临界值	p 值
不存在	0.3971	25.2984	15.4947	0.0012***
至多存在一个	0.1786	7.0834	3.8415	0.0078***

注：***表示 1%的显著性水平。

进而对二者短期关系进行 Granger 因果关系检验，发现在短期房价与国家财政收入间不存在格兰杰因果关系，具体结果见表 7-7。

表 7-7 国家财政收入与房价的 Granger 非因果关系检验

原假设	F 值	p 值
房价不是财政收入的 Granger 原因	0.0291	0.8655
财政收入不是房价的 Granger 原因	0.9820	0.3289

4. 典型化事实及其说明

(1) 房地产市场的特征。

通过前文的实证检验，可以总结得出中国当前房地产市场上存在的若干特征如下：

1) 在中国房地产市场背后，存在着一个"隐含有效价格"，我们称之为"潜在房价"，可将其理解为一种价格形成机制。而房屋销售市场、土地市场和房屋租赁市场所形成的房屋销售价格、土地价格和房屋租赁价格，可视为共同推动形成了"潜在房价"的长期有效成分。这三种价格共同作用，为"潜在房价"的价格发现过程形成贡献率。

2) 从长期看，房屋售价和土地价格在"潜在房价"的价格发现过程中起着主导作用，销售价格更加重要，而租赁价格在价格发现过程中的作用微乎其微。从宏观角度出发，说明我国房屋销售市场和土地市场起到了引领市场的作用。

3) 我国房屋租赁市场发展较为孤立，价格变化幅度小，走势低平，说明房屋租赁市场还没有发挥其在房地产业和宏观经济中应有的作用。

4) 由于房屋租赁市场上反映出的需求大部分是对房屋的刚性需求，而房屋销售市场上反映出的需求更多包含市场中的投资投机需求。这进一步说明我国的房地产市场在近 20 年间呈现出一种非理性繁荣局面，市场中存在着过多的投机需求，使得房屋售价已经偏离租价所确定的基本面，产生虚高，房价与租价严重脱节的现象，偏离了基本价值。

5）房价与 GDP 间本应在长期存在均衡关系，不应在短期内存在过强的因果关系，而中国房价与代表经济增长的 GDP 水平间关系却恰恰相反。这说明中国房价与经济增长间在长期并未形成稳定有效的均衡机制，仅靠短期内"房价上涨带动 GDP—出台政策抬高房价—房价上涨带动 GDP"反馈的不断强化。这种市场关系易滋生房地产泡沫，促使市场产生非理性繁荣的价格虚高，带来巨大的金融风险，为经济增长埋下隐患。

6）西方市场中的房价波动并不会与政府财政收入存在长期均衡关系。但在中国，中央政府的财政收入与房价变动间存在长期均衡关系。

（2）典型化事实的背后。

根据上述若干房地产市场上存在的典型化事实，我们可以进一步分析其背后的深层次内涵：

1）租赁市场背后所体现的是房地产商品的刚性需求，在租赁市场上房地产商品基本体现的是其消费品属性，而销售市场背后所体现的更多的是房地产商品的投资投机需求，房地产就成为了一种可获得收益的投机投资品。虽然在租赁市场上，房地产同样是一种随价格升高需求也更加旺盛的"泛吉芬商品"，但其价格上涨带来的需求上涨幅度其实是有限的。同样，因为需求的增加相对理性和稳定，房地产供给方因为需求变动而产生的心理预期也是相对理性的，供给的增加幅度也相对有限，市场上价格的上升或下降幅度都不会过于剧烈。在新房销售市场上，供给没有了租赁市场上的刚性，需求却因房地产商的金融性质而具有极大的获利空间，房地产不再是生活必需品，而只要存在长期升值的预期，就变身为投资品，刚需和投资需求一拥而上。这进一步带来房地产商的获利预期，导致供给量背离实际需求量的恶性膨胀。这样所带来的价格攀升幅度与租赁市场相比无疑是巨大的,也带来更多的价格虚高,掩藏更多的金融风险和经济风险。

2）GDP 与房价间不存在长期稳定均衡关系,却存在短期内的促进关系。这可以印证从 1998 年至 2007 年这 10 年间房价的迅速攀升颇有些"唯 GDP 是瞻"的意味。这 10 年间也是中国经济快速腾飞、经济增长率快速上涨的阶段,而房价的快速上涨是 GDP 的快速增长的最快速、最"有效"的推动器。只要房价上涨,GDP 就会快速提升,可以说,政府也是看到了这样的"反馈机制",因此存在利用推动房价带动 GDP 发展的预期。在这种预期的作用下,政府推出的若干楼市调控政策、货币政策和财政政策,无一不是起到了快速拉动房价的作用。在 2007 年后,缘于美国房地产市场的金融危机引发了全球经济震荡,以房价快速拉动 GDP 的模式难以为继,且愈加暴露出隐患和风险,中国经济也是在摸索中逐渐步入新常态,不再追求高速经济增长,而是更加注重供给侧改革,使经济增长中速、稳定发展。在这样的"政策预期"之下,出台的楼市政策也逐渐趋于理性化和科学化,不再一味地促进楼市繁荣,而是更加关注房地产市场的健康、稳健发展。

3）财政收入与房价存在长期均衡关系的背后说明了房地产市场上存在灰色地带。一方面,市场上存在房地产商与地方政府勾结,一同拉抬土地交易价格和房屋销售价格的动机;另一方面,一些地方政府出台各种"勾地"政策,进行土地销控,在土地开发商对市场的预期不乐观、购地欲望不强烈的情况下刺激其购地,保证土地出让价格平稳增长不至回落。然而,这种做法虽然可以借助价格机制的作用,在一段时期内快速使土地市场上房屋的需求和供给趋向平衡,但是因一方面违背市场均衡和社会公平,另一方面扭曲了市场机制,使价格出现虚高,呈现"有价无市"的状况。

4）综上可以看出,房地产背后的价格机制是在销售市场、土地市场和租赁市场三个市场共同作用下形成的。这背后"看不见的手"其实是政府、消费者和供给方等多方的心理预期。中国的房地产市场属于"政策市",政府的调控政策要比市场调控更能左右房价走向。政府首先对未来市场走向产生"预期",在这种预期之下出台相关政策,即宏观经济调控政策和楼市调控政策。消费者会根据政府政策调控方向产生对于市场的"心理预期",当然这种预期中也含有大量因信息不对称而产生的"羊群效应",在心理预期下产生消费者自己的决策,即对房产的购买或出售行为。消费者的行为变化会引起房地产市场上的需求变动,价格会因此产生波动。供给方觉察到价格波动的走向,产生对未来收益的心理预期,并基于预期判断未来的供给方式和供给量。而这种供给端的变化会在未来进一步影响到政府和消费者的下一期心理预期,整个市场在这种推动中前进着。这种传导机制可以用图7-4来简单说明。

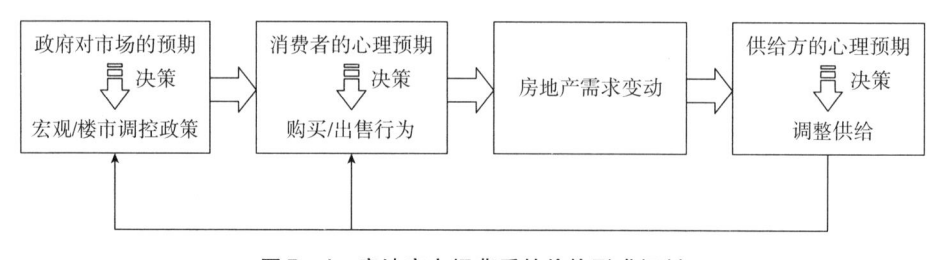

图7-4 房地产市场背后的价格形成机制

三、房地产市场调控政策转变之路

西方发达国家房地产市场的发展历史已经长达数百年,紧紧伴随

第七章 心理预期的房地产市场

着工业化和财富资本化的进展。相比之下，中国房地产业的发展才刚刚起步，却伴随着很多转折性的历史拐点。同时，西方房地产市场最大的特点是依靠"市场调节"，房价并不受政府政策所控制，相比之下，中国的房地产市场更像是一个"政策市"，政府调控政策的出台和颁布密切影响着房价的波动和发展态势。

1. 我国房地产市场调控政策的演变

（1）第一阶段：起步与探索阶段（1978～1993年）。

欧美发达国家房地产市场是与工业化进程同步发展起来的，而中国房地产市场是在计划经济向市场经济转变的过程中逐步形成发展起来的。早在1978年，邓小平就提出了住房可以商品化的论点，住房商品化和土地产权也已被理论界提出和认可。从20世纪80年代开始，房地产产业开始发展和成长。如果说20世纪80年代中期之前的房地产市场处于一种统一范式的话，20世纪80年代后期这种发展才开始向多样化转变。例如，控制指标从建房面积向以"套"为单位转变，并开始重视户型和功能；住房装修标准逐渐放宽；密度控制指标由单一的人口密度发展为同时考察容积率和住宅套数密度；等等。然而，这种改变还存在着很大的缺陷，其中重要的一个方面就是房屋建设规划中没有考虑消费者的需求和偏好，缺乏"尊重消费者选择"这样的条款，在投资中缺乏对通货膨胀、征地补偿、土地租金和开发市场上的供求关系等因素的考量等等。[①]基于此，1988年《中华人民共和国宪法修正案》出台，1990年《城镇国有土地使用权出让和转让暂行条例》出台，这些都为我国土地权的转让和房地产市场的起步提供了法律依据。

---

① 王育琨.改革以来我国住房体制的变化[J].经济学家，1992（5）.

(2) 第二阶段：准备阶段（1994~1998年）。

1994年《中华人民共和国城市房地产管理法》的颁布标志着我国房地产市场进入了规范化管理阶段。同年，《国务院关于深化城镇住房制度改革的决定》发布实施，建立住房公积金是住房分配货币化的起点、开展国家安居工程等内容，新住房雏形制度由此建立。1998年开始停止了住房实物分配，建立住房分配货币化、住房供给商品化、社会化的住房新体制，福利分房制度被取消。这是住房分配货币化真正的起点，也奠定了中国房地产业日后的发展走向。中国的房地产市场是住房货币化改革以来形成的，因此与股票市场一样，都属于"政策市"，政府的宏观调控决定了房地产业发展的兴衰与未来的发展方向，也决定了地方政府会通过刺激房地产市场来发展地方经济。

(3) 第三阶段：规范化阶段（1998~2002年）。

如果说1994~1998年可以被看作房地产改革准备阶段的话，1998~2002年则可以称作房地产发展史上的最重要时期，也是进入规范化市场的时期。[①] 1998年国务院颁发了《关于进一步深化城镇住房制度改革加快住房建设的通知》，该通知的颁布标志着我国的福利分房制度完全退出历史舞台，房地产行业进入市场化行列，贷款买房、按揭贷款等房地产市场中的概念开始进入公众的视野中。在这一阶段中，市场主要是以居民的消费需求为主导，以期满足从计划经济向市场经济过渡的过程中居民基本住房条件的需求。利好政策的颁布使得房地产迅速发展，成为拉动中国GDP快速增长的重要引擎之一，房地产投资与房地产价格的上涨速度已经明显高于经济总量、

---

① 见社科院金融研究所研究员易宪容在2010年5月的报告，《中国房地产市场发展的历史进程及政策取向》。他结合中国房地产政策调控与经济环境背景，将中国的房地产市场以1998年、2003年、2007年来分段。

居民收入和消费的增长速度。2002年1月建筑部发布《关于引发建筑部2002年整顿和规范建筑市场秩序工作安排的通知》，随后在当年7月国土资源部制定的《招标拍卖挂牌出让国有土地使用权规定》开始实施，与售房市场密切相关的建筑市场和土地市场开始走向正规化。可以说1998~2002年是我国房地产发展状态良好的一段时期，房地产业与国民经济协调发展，房价与房屋销售面积平稳上升。

（4）第四阶段：高速发展阶段（2003~2007年）。

2003~2007年可以被看作中国房地产市场的高速发展时期。2003年《国务院关于促进房地产市场持续健康发展的通知》（18号文件）的发布更加明确了房地产作为经济发展的支柱产业的作用，中国房地产市场进入了高速增长时期并呈现出过热的局面，一线城市房价飙升，二线城市也随之上涨。房地产市场已经不再以居民消费需求为主导，而是开始转向以住房投资或投机为主导。在2003年下半年，我国房地产行业出现了发展过热问题，房价上涨速度过快，以及问题背后暴露出的我国房地产行业结构的不合理性都开始引发社会关注。为稳定房价并调整我国房地产业结构，促进房地产市场健康平稳发展，我国出台了一系列宏观调控政策，例如2005年发布的《关于切实稳定住房价格的通知》，国务院常务会议上提出的"新八条"以及2006年颁布的"国六条"等，但并没有收到期望中的成效，房价依然在大幅攀升。

（5）第五阶段：回落与调整阶段（2008~2013年）。

任何繁荣的背后都隐藏着衰退的阴影，房地产投资过热会催生房价泡沫，而过大的泡沫无疑会埋下经济危机的种子。起源于房地产市场的美国次贷危机，掀起了全球范围内的经济震荡。2007年中国房市已经出现房价回落的现象，居民消费随之波动，我国经济出现了下滑的征兆。央行先后出台了 359 号文件与 452 号文件，目的在于区分住房消费品和投资品的属性界限，首次提出"二套房"概念并提高了"二套房"的首付比例和按揭利率。从 2008 年开始，中国房地产市场数据已出现全面回落，住宅价格开始下降。同年 9 月，随着雷曼兄弟银行的倒闭，全球金融危机来临，带来了世界范围内的经济紧缩。但是中国的房地产市场在世界金融危机后并未像西方国家那样一蹶不振。中国政府出台了积极的救市政策，新增 4 万亿财政投入、从紧性货币政策变为适度宽松的货币政策、宽松的楼市政策和信贷政策等都有效地抑制了房价的衰退。中国的房价从 2009 年起又再次持续高涨、一抬再抬，购房消费力呈现出持续繁荣的表象。然而，就在 2011 年下旬，我国房地产市场再次呈现出下跌的局势，国家统计局发布的数据显示，2011 年 10 月 70 个大中城市房价平均环比指数年内首次出现负增长，平均环比下降 0.14%。2012 年社会上对于房地产业应从资本属性回归社会属性的呼声愈加高涨，政府房地产调控的政策也愈发明确，即"坚持房地产市场调控，促进房价合理回归的基调不动摇"，一方面要控制房价的过度上涨、控制投资投机需求，另一方面发展保障性住房，满足市场刚性需求。[①] 也就是说，政策调控的重点产生了转向，从房改后初期注重房地产业的经济功能向注重社会功能转变，使房地产市场成为一个提供居住产品的市场而不是投资市场，从而使房价合理化，即"使房价与居民的收入相适应，房价与投入和合理的利润相匹配"。

（6）第六阶段：去库存稳增长阶段（2014 年至今）。

从 2014 年开始我国房价涨速下降，呈现出疲软态势，在中国整体

---

① 见 2012 年 3 月 23 日，2012 中国房地产百强企业研究成果发布会上住房和城乡建设部政策研究中心主任秦虹的发言。

经济进入"新常态"的大背景下，为了实现中国经济结构的转型升级，减少经济对房地产业的依赖，政府对房地产业的调控开始转向市场化，使房地产业逐步解除政策束缚回归市场主导，以期房地产市场朝着更加理性化的方向发展。但我国房地产市场区域分化严重，一二线城市房价依旧保持上涨趋势，三四线城市房地产库存严重，去库存成为了我国房地产行业发展的首要问题。这几年间政府频繁出台房地产市场调控政策，试图摸索出一条适合中国房地产市场健康发展的道路。2014年出台不动产登记政策、在热点城市推出共有产权房、细化"新国五条"、提高二套房首付比，同时国土部推出耕地保护制度，规定城市人均建设用地严控100平方米内。2015年中央开始大力完善房地产市场制度，促消费、去库存、发展租赁市场、大力构建宽松的金融信贷环境、首付比持续下调、公积金政策放宽，房地产政策也越来越区域化，地方政府开始灵活跟进、积极调整。2016年房地产政策更趋向于区域化发展，"一城一策"被大力提倡。同年，全面实施二孩政策，着力提高家庭的改善性住房需求，同时政府开始大力"控地价、限房价"。从2017年开始，各地纷纷出台楼市调控政策，多地开启"限购""限售"，房地产政策开始向"因地制宜"的方向发展。政策利率六年内首次上调，大力抑制房地产泡沫。住房和城乡建设部发布《住房租赁和销售管理条例（征求意见稿）》，对当前租赁和销售市场不规范行为提出了明确要求及惩处办法，表明中国将建立购租并举住房制度，培育长期稳定的住房租赁和销售市场，促进市场平稳发展。

2. 我国房地产市场调控政策评述

综上所述，中国房地产市场的发展体现出显著的"政策市"特征。通过对楼市调控政策的梳理可以再次印证上一节中的观点，中国的房价更多受到的是政策的调节和控制，市场供需调节所起到的作用十分有限。1998年之后，在规范化、市场化的楼市调控政策作用下，房价开始高企。2003~2007年恰是中国经济的五年繁荣，也是利好的楼市政策出台最密集、最积极的阶段，这五年中房价也随着快速上涨。在2008年后全球金融危机的影响之下，中国经济也开始下滑，政府积极的救市政策使中国房价没有像其他国家那样一蹶不振，回落也十分平稳，且之后再度高企。之后的房地产市场调控愈加回归理性，房价虽仍然高企且呈现出高度区域分化的特征，但总体态势是在摸索中向理性层面回归。

中国房价与GDP发展的显著"挂钩"关系在2008年前后明显松绑，这也是楼市调控政策所致。因中国GDP在2007年前的飞速发展与房市的迅速高企有一定的关系，我国政府也形成了以楼市带动GDP发展的行为预期，其政策的出台也多以促进房地产市场快速发展为主，因此房价也水涨船高。在2008年后，政府意识到这种"捆绑"关系对楼市发展和经济稳定并无有利影响，于是政策开始从对其"大力推进"逐渐回归理性。2016年更是这种政策转变的"分水岭"，代表着和GDP高度捆绑的房地产市场在逐渐向市场化回归，房地产企业的"黄金时代"也已经结束。

如今学术界与社会各界对于房地产业带动经济增长的问题有了更深刻的认识，虽然房地产行业依旧是拉动我国经济增长的"稳定器"，中国房地产市场的"政策市"特征也仍在持续，但政府不再单纯寄希望于让其短期快速地带动国民经济上涨，而是期望能对房地产刚性需求和改善型需求的持续释放形成正向刺激，使房地产市场更加趋于理性。

四、当前房地产市场调控政策建议

1. 大力推进房屋租赁市场发展

（1）在短期，一方面，要出台政策鼓励私人房源出租，增加市场房源的供给主体。一是对个人自有房用于出租的增值税、个人所得税进行减免；二是鼓励国有企业将闲置房源交由专业租赁运营机构；三是为开发商将持有房源用于出租提供较为宽松的政策支持，如持有住宅物业用于出租的部分，增值税或房产税进行适当的减免等。另一方面，要实施租赁补贴政策，以多种方式提高租房者支付能力。一是缴纳个人所得税时，可将租金从征税税基中扣除后再计税；二是对应届毕业生给予租金补贴；三是一线城市可对特定人才给予租房补贴。

（2）在中期，一方面，要促进市场供应主体多元化，增加租赁住房供应。充分发挥市场作用，通过租赁、购买等方式多渠道筹集房源，提高住房租赁企业规模化、集约化、专业化水平，形成大、中、小住房租赁企业协同发展的格局。同时，支持房地产开发企业拓展业务范围，利用已建成住房或新建住房开展租赁业务，或引导房地产开发企业与住房租赁企业合作，发展租赁地产。另一方面，要推动租赁金融配套设施建设。一是加快发展租赁征信，对租户及业主信息进行有效筛选，规避违约风险带来的损失；二是支持专业化住宅租赁机构发行企业债券、租约证券化，逐步进行住宅 REITs 试点，为租赁机构提供更灵活的融资方式，加速机构化趋势，推动租赁市场规范化建设。

（3）在长期，一方面，要大力推进长租房建设，形成产业化模式。要在政府导向之下，形成以规模化供应、标准化管理为特色的长租住房商业模式，通过互联网平台降低交易成本，并在长期利用互联网平台把长租住房的产业链串联起来，使更多的企业参与其中，形成一个多元化、规模化、智能化的行业。另一方面要完善法律法规，提高中介服务质量，规范租赁市场秩序。提高住房租赁中介机构的诚信水平和服务质量，严惩违法欺诈行为，提升从业人员素质，促进中介机构提供规范的居间服务。同时，落实地方责任，加强住房租赁市场管理，建立多部门联合监管体制，建设住房租赁信息服务与监管平台，明确职责分工，充分发挥街道、乡镇等基层组织作用，推行住房租赁网格化管理。

2. 以需求为导向调控住房市场

（1）准确评价人口增长趋势，把握住房需求主体演变态势。目前，全面放开两孩政策已经开始实施，长期来看，人口生育率的增加可以有效防止人口结构的周期性波动给住房市场带来大起大落的影响。一方面，人口抚养比的增加可以增加当前消费率、减少储蓄率，在一定程度上避免当期投机住房需求的持续高涨；另一方面，出生率的增加可以有效增加未来住房市场的潜在需求主体，提高潜在的、长期的住房刚需，避免需求主体的急剧减少引发的房价硬着陆。但是，要充分评价人口政策带来的新变化，不能盲目乐观而放纵住房供应的扩大化。

（2）进一步深化户籍制度改革的深度和广度。改革开放以来，以户籍制度为基础的大量有形和无形门槛，导致了大量流动人口选择在流入地工作而仍在流出地买房，造成了严重的职住分离和住房需求的空间失配问题。通过户籍制度改革和保障性安居工程，可以将这一部分流动性的需求主体稳定下来。在条件具备的地区，可以尝试宅基地、

第七章　心理预期的房地产市场

房屋和土地使用权跨区域调配置换的可行性。

（3）政策上对老龄人口、农民工和低收入群体有所倾斜。针对老龄人口比例逐渐升高的趋势，可以参照欧美发达国家反向住宅抵押贷款的运作模式，在建立健全老年保障体系的基础上尝试"以房养老"政策的可行性，适度增加老年公寓的供应量，满足不同年龄段和健康状况的老年人的住房服务消费需求。针对农民工和低收入群体的职业和住房间发展不平衡等问题，可以通过减免租房税费、鼓励有关部门成立国有房屋租赁经营机构和中介机构等措施，进一步规范租房市场并保护承租行为，从而有效缓解这部分人群的住房压力。

（4）建立以人口基本面为导向的分类城市住房调控体系。未来20年是中国住房市场和人口市场双重出现严重分化的时期，城镇化的新态势将会引发不同等级的城市出现不同的市场特点，调控的力度和方式也需要有所差异。要加快形成以人口流入和流出为基本面的分类城市住房调控体系，以此有效预防住房市场发展的潜在风险。

3. 积极推进房产税改革

（1）房产税减免制度设计是最首要的核心问题。房产税减免制度在建立伊始就要充分考虑到其面向社会时的多样化和差异化问题，要充分考虑到不同社会阶层的居住需求，在照顾困难群体的同时，要做到能够较大程度地提高整个社会的接纳度，有效保障房地产市场的运行效率。

（2）中国各地经济发展水平差异决定了房产税减免制度的差异化和阶段化。要从短期、中期和长期三个时段推进制度建设工作，分地区、分时段地引导减免制度向多样化发展。在短期，中央政府要以房地产市场宏观特征为基础建立差异度较小的减免制度，同时中央指导地方确定收入区分方法，地方城府要根据需要加大投入。在中期，要逐步推进房产税减免制度改革，客观评估房地产物业市场价值和居民收入情况。在长期，可根据各地经济发展水平的不同制定不同的减免制度，并适当赋予地方相关立法权。

（3）在房产税收入划分方面进行改革，保证基层财政的稳定性和可持续性，破解房产商和政府间的灰色行为。我国各省份的财政体制都是以收入划分体系为核心建立的，而近年来区域经济差异逐步扩大，地方债务日益膨胀，已经影响到经济社会的稳定。房产税作为直接税，其主要支出应该集中在与纳税人相关的公共产品上，因此在设计房产税收入划分比例方面，要更多地倾向基层财政，由地方政府提供能够满足纳税人需求的公共产品，这样能够有效提高其社会接纳度。同时，还应出台相关立法或管理办法，支持地方政府对房产税收入进行科学的划分，并保障基层政府的分享比例。

（4）建立和完善综合数据信息系统，增强市场上的信息对称度。要建立包括纳税人基本特征、收入、家庭情况等多个维度的综合数据信息系统，为差异化的房产税减免制度提供翔实依据，尽可能提高市场上信息的对称度。同时，要出台相关管理办法，保障信息获取、信息处理、信息评价和信息联通等各个环节的畅通性，完善统一的不动产登记信息管理平台。通过建立大数据平台，提高制度创新能力和税收执法能力。

第八章　题外的话：为什么是中国

自中华人民共和国成立以来，特别是改革开放以来，中国的经济成就引人注目。经过40年的努力，中国经济正在走向世界之巅。新的技术层出不穷，新的商业模式轮番更迭。中国因率先推动了应用"互联网+"的市场模式而涌现出一个接一个新的经济活动方式，并在演变为电子商务、移动支付、高铁出行、共享经济等一个又一个新的生活方式。当前，借助发达的IT技术，需求的决定性作用正在日益显现，大众消费社会已经走向直接参与生产过程的阶段，以其追求异质性、超前性、便捷性的心理预期引导、推动供给改变其生产方式来满足其要求。这种新的市场运行模式，彻底改变了供求关系中长期以来人们通过供给来选择需求满足的方式。

那么，为什么是中国率先显现出市场经济中需求的决定性作用？为什么是中国率先找到了通过以需求为导向的供给管理来实现市场均衡的科学路径？为什么西方世界一直在主导着市场经济的走向却长期混混沌沌地沉溺于脱离现实的传统市场原理之中，而中国却已开始了修正传统市场管理方式的实践？

一、制度的优势

1. 制度、体制、机制

中国在 1956 年完成社会主义改造之后，采用了社会主义制度。这一制度虽然在生产力角度来看是超越了生产力的支撑能力，但其本质在于用制度去克服资本主义生产方式的根本矛盾——生产无限扩大与人民购买力相对缩小的矛盾，企业的有组织性与整个社会生产的无政府状态的矛盾，无产阶级与资产阶级的矛盾。而社会主义制度建立之后，这三个基本矛盾只剩下了第一个——供给和需求之间的矛盾。按需生产，就是社会主义制度的核心内容。社会主义的中国，只要专注于改善人民生活就可以逐步完成建设社会主义的使命。

当时的中国，经历了近代百年被侵略、被压迫、被掠夺的屈辱历程，积贫积弱，产业基础极为薄弱。为此，新中国要改善人民生活，必须以发展经济、保障供给为先。这种制度造成的必然性——首先关注需求，为满足需求而加强供给，完全符合市场经济真正的运行机制——需求决定供给、以需求指导供给。

这一制度被新中国延续下来，并用以指导改革开放的进程，成为中国巨大的制度财富。这个看似与市场经济完全背道而驰的制度，正在显示出其与市场经济最为契合的制度红利。当深入地理解了市场经济的根本机制，就不难发现，制度与体制与机制本来不是一回事。[①] 市

[①] 赵儒煜. 经济制度、经济体制、经济机制辨析 [J]. 当代经济研究，1995（3）：13–16.

第八章 题外的话：为什么是中国

场的最佳状态是要实现供给和需求的均衡，尽管这一终极目标不可能实现而只能无限接近。为此，必须准确把握需求动态，以需求管理供给的规模与结构。计划管理的方式多为诟病，是因为技术条件不能达到准确把握需求动态的要求，而非这种管理方式本身的问题。正好相反，市场体制则是放任企业去自主把握市场动态，恰恰不能避免过剩生产的弊病，更谈不上实现市场均衡。

面对市场经济，中国社会主义制度的巨大红利，体现在其对需求的第一关注和对供给的有力管理上。

2. 深度关注需求

社会主义制度更适合市场的第一个制度优势，在于关注民生。社会主义制度本身的使命，就是让人民的物质文化生活极大地丰富起来。为此，相比资本主义制度而言，社会主义责无旁贷地以关注需求为第一任务。在改革开放之前，新中国同时面对着民生和国家安全两个需求，为此，建立了完整的产业体系。但在当时"冷战"的背景下，在围绕中国周边"热战"不断的环境中，完全的计划经济体制则更多地关注国家安全方面的需要，人民物质文化生活的需求退居其次。

当周边环境开始缓解，中国开始改革开放之后，在坚持社会主义制度的前提下，导入市场机制，来弥补长期以来计划管理供给不能很好地解决民生需求的不足。民生的需求上升为第一位。如何满足十多亿人口的需求，一直成为中国政府首要的关注点。中国的技术引进、产业发展，无不首先以提高人民生活水平、满足国内市场需求为目标。当房子等一些特殊商品背离市场而泡沫发展、危及经济安全之际，中国政府迅速意识到这种发展与市场经济追求均衡目标的背离、关注到需求方心理预期的影响机制，明确提出"房子是用来住的"，打断住房商品的金融化进程。这种关注需求的方式，也是资本主义制度所不具备的。

3. 有力管控供给

社会主义制度更适合市场的第二个制度优势，在于对供给的管控有力。

（1）国家直接推进产业体系的建设。在计划经济时代，由于国家安全的紧迫需求和完全计划管理方式在技术上的制约，中国的供给管理在构建完整的产业体系上显示出卓越的效率，使得中国成为这个世界上唯一拥有完整的产业体系的国家，但对满足人民物质文化生活需求的产业则相对不足。对此，改革开放之后，一方面，中国回过头来发展轻纺工业、电子产业等解决人民生活的基本需求，并进一步推进满足需求升级的新产业；另一方面，中国庞大的人口、多样而层次丰富的需求与相对封闭的国际经济合作环境一起，要求中国必须保持完整的经济体系来实现自身的经济活动全过程。为此，一些利润低下但不可或缺的基础产业部门在市场经济条件下仍然需要国家管理来维系。经过改革开放以来的建设，中国经济已经完成了满足人民基本物质文化生活需要的要求，并且出现了过度发展的势头。中国政府敏锐地抓住新产业革命时机，提出供给侧结构性改革，以通过对现有产业体系的调整和新产业体系的构建，更好地使供给满足需求。

（2）作为计划经济与市场经济结合的产物——经济规划制度，在市场经济中发挥了重要的作用。经济规划可以说是原来的经济计划的市场版改良结果。原来的国民经济计划是国家级的，一个计划包罗万象，统一指令全国的经济活动，加之信息技术上不能充分把握全国的资源、需求动态，因而不免具有不够切合实际的弊病。经济规划则在空间上包括国家、省市县区各个层级，还包括以经济区域划分的东、中、西、东北等大区域性规划，长三角、珠三角、京津冀、长江流域、北部湾等特定经济区域规划，以城市为主要载体的城市群规划，以产业为对象的、以《中国制造2025》为代表的产业规划等。这些规划高瞻远瞩，抓大放小，集中针对国家及区域经济发展的重大问题来描绘前景，指明方向，具有科学性和指导性，且有实施的刚性。这一点要远远胜过资本主义国家一切交给企业根据市场来判断的做法。

(3) 社会主义制度集中力量办大事的优势，是中国实现快速崛起的有力保障。在中华人民共和国成立之初，百废待兴，几乎没有多少产业基础。因此，在资本主义生产力高度发达的基础上，为解决资本主义无限扩大的生产能力与人民日益相对缩小的消费能力这一矛盾而产生的社会主义制度，是不是在中国就失去了生产力的基础？是否中国过于先进的生产关系，不适合中国过于落后的生产力？中国经济发展的历程表明，正是由于中国社会主义制度发挥了生产关系对生产力的反作用，才促使了中国经济的快速发展。这一制度优势，集中地表现在中国可以集中力量办大事的优越性上。在资本主义阵营对我国进行经济围堵、技术封锁之际，我国调动全国的精英，短时间内建立起了自己的产业体系，在保障国家安全领域，研制出了原子弹、氢弹，造出了自己的航空母舰、新型战斗机；在产业经济领域，各级研究机构在国家基金的支持下不断推进新技术的开发，创业者在国家财政支持下探索产业创新、技术创新、商业模式创新之路。可以断定，没有集中力量办大事的制度优势，仅靠市场的缓慢积累，中国不可能在短期内构建起自己的产业体系，建立其足够的国防力量，发展出傲视全球的产业实力。

综上所述，中国经济制度与生俱来的具有社会主义制度的管理基因。社会主义制度具有真正切合市场经济内在机制的制度优势——市场中的需求是第一性的，供给是第二性的，市场失衡具有必然性，因而必须管理供给使之符合需求才能实现市场的相对均衡——关注需求是社会主义建设的根本使命，管控供给是满足需求的有力手段，按需生产是社会主义制度的本来之意。以需求为导向来管控供给，管控供给使之满足需求，就能使二者趋于均衡。

二、与众不同的中国

中国具有悠久的文化和经济发展的历史，但从工业化的进程来看，中国完全是一个后起的追赶型国家。因此，中国拥有足够的后发优势去反思指导工业化的经济理论，当然其中也包括市场原理。中国所独有的幅员辽阔、人口众多的资源禀赋条件，从计划经济向市场经济过渡的特殊经历，快速而长期的经济增长过程，都为验证西方传统经济理论、证伪西方传统经济理论提供了独特的土壤。

1. 资源禀赋的异质性

资源禀赋的异质性，往往是国际贸易理论中讨论的对象。在赫克歇尔－俄林的理论体系中，世界各国的资源禀赋是有异质性的，但各国自身的资源禀赋往往是可以用一个特征加以概括的。而在中国，资源禀赋则表现出了内在的异质性。

（1）中国疆域广大，地形、地貌多样，气候、资源也千差万别，物产的多样性、空间的自然分割、经济区域的分割，都非常显著。这一切，使得空间异质性对市场的作用体现明显，需求的异质性、供给的异质性和资源的有限性，都在提供着充足的证据，去证明传统市场理论所主张的供给是无限的、需求是无限的，生产者和消费者进入市场是无障碍的，甚至没有距离的障碍等完全竞争市场的前提是多么脱离现实，多么荒唐可笑。

空间的异质性当然不可避免地带来了消费文化的异质性，一些中国地方性产品往往依存于地方性的消费习惯。例如，小米是发自黄土高原的主食种植物，营养丰富，其中的维生素 B_1、无机盐含量都远远高于大米，含有丰富的铁质、蛋白质、钙质、钾、纤维等，小米粥有"代参汤"的美称。但是，小米在南方几乎没有需求。中国是小米的生产大国，而且是唯一产地，但中国没有任何小米的出口。这一事实充分证明，市场是由需求决定，供给不能创造需求。小米是典型的案例，但并不是唯一的。莲子、菱角等都有类似的情形。

（2）中国人口众多，市场容量大。特别是改革开放以来，伴随着经济发展，人均消费水平快速提高，从 1978 年的 184 元提高到 2015 年的 19308 元，提高了 100 多倍；人口总数也从 1978 年的 9.6 亿人，增长到 2015 年的 13.7 亿人，净增 4 亿多。如表 8-1 所示。如此巨大的需求，如此多样的市场环境，加上发展过程中社会阶层的多样化，使得中国国内市场的需求多样而层次丰富。可以看到，正是由于这种需求的多样性和规模的巨大，使得中国完整的产业体系得到了充分的市场支撑。需求对供给的支配作用，在这一过程中展现无遗，特别是在改革开放初期供给不足的时代。

表 8-1 中国的人口与消费

年份	人口总数（人）	人均消费（元）	城乡消费比（农村居民=1）
1978	96259	184	2.9
1990	114333	831	2.2
2000	126743	3721	3.7
2010	134091	10919	3.5
2015	137462	19308	2.8

资料来源：中国统计年鉴 2016，http：//www.stats.gov.cn/tjsj/ndsj/2016/indexch.htm.

与此同时，中国人的需求结构升级借助对外开放的信息传递，已经远远超越了中国的产业技术体系所能够支撑的供给种类与结构，进口的大量增加，消费者对国内供给的挑剔和对国外产品的青睐，则进一步宣示了需求对供给的选择——需求结构的升级，必然要求供给结构的升级，而不是西方传统理论所说的"供给创造需求"。在需求一直处于升级过程中，供给则难免出现技术停滞的阶段，因此，不顾供给是否能够满足需求就一概认定供给能够创造需求，是西方经济学为资本家服务的庸俗论调。更遑论供给无论在创造支付能力的总量还是满足需要的心理预期上都远远不能达到"创造需求"的水平。

2. 制度的制度外效应

中国采用社会主义制度之后，也顺理成章地采取了社会主义计划经济管理方式。这种经济管理方式在后来的历史演变过程中，也受到了制度外因素的影响，进而历史地带来了中国有别于其他工业国家的经济管理方式。

（1）中国的改革开放，是在计划管理基因下向市场经济的靠拢。正因如此，中国这样一个长期适应计划管理的大国，不可能一步放弃计划管理模式。事实上，中国不仅在经济管理方式上采取了渐进方式，在改革开放的空间上也采取了渐进方式，这就决定了中国不可能采取完全自由放任的市场经济模式。因此，中国在谨慎地探索过程中，一步步地放开了可以交给市场的部分。而这一过程，让中国实际上享受到了对需求的深切关注、对供给的有力管控等制度红利。

在面对世界性的经济萧条、面对加入 WTO 等外来巨大冲击的时候，中国可以运用第二次世界大战后盛行的凯恩斯主义有效需求管理思想加以宏观调控，避免了从自由放任的市场阶段重新起步的过程。这在相当大的程度上避免了中国巨大市场的严重"失灵"现象的出现，也验证了管理经济的必要性和有效性。这些经济实践，都成为中国经济对传统市场理论反思的基本素材。

（2）由于西方工业国家对社会主义制度的敌视，中国在诞生之初，就面临着资本主义世界的围堵和经济封锁。20世纪50年代开始的"冷战"时代，给社会主义阵营和资本主义阵营之间隔上了一面坚固的"铁幕"。20世纪90年代苏联解体之后，"铁幕"时代虽然结束了，但许多资本主义国家的"冷战"思维仍然延续着，针对中国的技术封锁仍然存在。这些经济围堵、技术封锁进一步突出了管理经济的必要性。一方面，中国庞大而多样的需求要求产业部门齐全，因而获利少而必须量大的基础产业如果在自由放任的市场机制下往往不被选择，中国的需求将出现巨大缺口，而外部资源和产品却因经济围堵而无法实现，这就使得中国必须依靠计划管理的传统，以国家的力量布局这些产业。因此，可以说，外部对中国的经济封锁和围堵在一定程度上延续了管理经济的必要性。另一方面，改革开放后中国人的需求心理预期逐步向国外消费看齐，新的需求已经超出了国内产业供给的能力，而外部的经济围堵和技术封锁，迫使中国政府为满足国内需求升级而在大量进口和发展自主产业之间选择后者，从而充分发挥了产业政策的作用，在引进外资、引进技术基础上不断推动产业技术的升级。在此，管理经济的制度红利再次得到了体现，而完全自由放任的市场经济不适合中国国情的事实也是昭然若揭。

3. 快速发展的"颠簸效应"

中国的工业化虽然起步与日本相差无几，但工业化进程随后就被日本等帝国主义侵略打断。在漫长的反帝反封建斗争过程中，中国的民族工业发展缓慢。真正的工业化进程，应该是从中华人民共和国成立之后才得以展开。但是，正是在这短短的不足70年的时间里，中国从一个积贫积弱、工业品难以满足基本需求的弱国，迅速成长为一个供给丰富多样、不仅可以自给还在供给世界大多数国家的"世界工厂"。特别是改革开放以来的40年间，中国长期保持了10%左右的高速增长，甚至在金融危机之后仍然保持了6%以上的增速，不仅经济总量逼近世界大国的巅峰，而且在多个产业领域逐步占据技术优势，成为对世界经济增长贡献最大的国家。中国用70年时间，走过了工业化国家自第一次工业革命以来近300年的历程。这一过程的浓缩化，同时也意味着中国在相当短的历史时期内经历了发达工业国家所经历的市场矛盾。这些市场矛盾，在那些长期的工业化进程中往往显得平缓而漫长，而在中国则变得激烈而集中。对此，我们不妨将这种因经济快速发展带来市场矛盾集中体现的现象称之为"颠簸效应"。

由于"颠簸效应"的存在，中国面对了市场价格机制证伪案例的集中爆发。从需求来看，中国经济快速增长的过程中，需求正处于井喷式扩张的过程，从基本生理需求向丰富的物质生活升级，从被供给限制到决定供给的总量、结构乃至生产技术，需求在中国经济增长中一直发挥着根本性的决定作用。从供给来看，也经历了从供给不足到供给过剩的过程，并多次出现了价格"失灵"甚至市场"失灵"的现象。

改革开放之初，一些商品放开之后，马上出现了由于供给不足而需求追涨的现象。酱油涨价、食盐涨价，都带来短期内需求的激增。这种不符合价格上升需求下降基本原理的现象，是供给不足经济前提下人们有限理性做出的消费选择。同一时期，火柴的价格从2分钱涨到2角钱，甚至涨到了2元钱，但并没有出现追涨的现象，这是因为火柴的供给迅速被简易的1元钱一个的打火机替代，加之人们日常生火做饭工具正快速地向液化气、燃气等电子打火工具转移，需求结构的升级使得火柴的供给失去市场意义。此后，一度令一般消费者高不可攀的电视机、汽车等大型消费品也随着需求的推动扩大了生产，出现了产品价格下降但供给不断增加的态势。这是需求市场扩大带来相关产业规模经济效果，即便价格下降也会带来足够利润的结果。在此，需求表现出对供给的决定性作用，而供给违背价格指向的做法完全符合现实的厂商利润最大化选择。此外，还有绿豆、大蒜、姜等商品涨价而需求追涨的现象，这种情形除区域性供给有限性的影响外，对商品附属功能的需求刚性也是其成因之一。

特别是，在住房商品化之后，出现了住房价格越涨需求越增加的吉芬商品化现象。这里，住房需求反映出与价格上升需求下降不同现象的成因包括两个部分：其一，刚性需求部分的消费者，面对住房价格上涨，只要其支付能力允许，就会选择购房。因为既然必须买房，在住房价格长期趋升的判断下，还是在当下能够实现市场行为的时间点购买为最佳选择。其二，投资需求部分的购买者，在预判房子价格上涨——事实上不是简单的上涨，而是远远超过银行利率和带有风险的炒股收益的上涨——的背景下，愿意在任何时间介入市场来购买，因为不管其当时价格多高，买到后就能获得收益，甚至通过借贷购买——房贷的利率往往比正常商业信贷低得多——也能获取足够的回报。于是，造成了房价的泡沫化飞涨，而购房者乐此不疲。在此，价格上升则需求下降的市场一般原理完败，不仅价格不再是"看不见的手"，而且正在酝酿着危及整个经济安全的重大危机。中国的案例只是世界同类现象之一，日本的泡沫经济、美国的次贷危机都提供了这方面鲜活的案例，只是日本出现楼市诱发的泡沫经济是其开始工业化的100年后，美国的次贷危机是在其开始工业化的150年后，而中国的房地产泡沫是正式开始工业化的70年后。

上述案例只是中国快速发展过程中层出不穷的市场矛盾案例中的少数，其中很多集中出现，形成了"颠簸效应"。大量违背传统市场原理的现象集中出现，不能说明中国的经济发展错了，只能说明传统的市场原理不能解释现实，其中必然存在理论的局限性，存在理论逻辑的谬误。

总之，中国除社会主义制度存在社会主义制度市场管理方式超越传统市场原理的制度红利之外，中国庞大而多样的需求、改革进程必然的制度延续性、西方工业化国家经济封锁带来的制度外效果都证实了管理经济的成功。特别是，快速发展带来的"颠簸效应"在短时期内集中暴露了传统市场理论的局限性，为市场经济的证伪提供了鲜活的证据。这些因素，虽然不足以充分证明为什么中国能够实现经济发展的成功，但可以在一定程度上解释为什么中国会更早地反思西方传统的市场经济理论。至于中国经济为什么能够在短期内实现赶超的成功，可以期待世界学者从经济、制度、文化等角度做出更加全面、更为深入的分析。

参考文献

[1] Pine II, B. J. Mass Customization: The New Frontier in Business Competition [M]. Boston: Harvard Business School Press, 1992.

[2] Pine II, B. J., Victor, B., Boynton, A. C. Making Mass Customization Work [J]. Harvard Business Review, 1993 (9): 108 – 116.

[3] Banbura, M., Giannone D., Reichlin L. Nowcasting [R]. European Central Bank Working Paper Series, No. 1275, December, 2010.

[4] Bertrand, J. Thèorie Mathèmatique de la Richesse Cociale [J]. Journal des Savante, 1883, (48): 499 – 508.

[5] Chamberlin, E. H. The Theory of Monopolistic Competition [M]. Cambridge: Harvard University Press, 1956.

[6] Cournot, A. Recherchs sur les Princips Mathèmatiques de la Thèorie des Richesses [M]. Paris: M. Rivière, 1838.

[7] Debreu, G. The Theory of Value [M]. New York: Joun Wiley & Sons, 1959//新帕尔格雷夫经济学大辞典 [M]. 北京：经济科学出版社, 1996.

[8] Dixit, A. K., Stiglitz, J. S. Monopolistic Competition and Optimum Product Diversity [J]. American Economic Review, 1977 (3): 297 – 308.

[9] Akerlof, G. A. , Shiller, R. J. Animal Spirits: How Human Psychology Drives the Economy, and Why It Matters for Global Capitalism [M]. New York: Princeton University Press, 2009.

[10] Kahneman, D. , Tversky, A. Prospect Theory: An Analysis of Decision under Risk [J]. Econometrica, 1979, 47 (2): 263 - 292.

[11] Keynes, J. M. The General Theory of Employment, Interest and Money [M]. London: Macmillan, 1936.

[12] Laibson, D. A Cue - Theory of Consumption [J]. The Quarterly Journal of Economics, 2001, 116 (1): 81 - 119.

[13] Marshall, A. Principles of Economics [M]. Cambridgeshire: Cambridge University Press, 1895: 78 - 96.

[14] Mullainathan, S. , Thaler, R. Behavioral Economics [R]. NBER Working Paper No. 7948, Oct. 2000.

[15] Rabin, M. Psychology and Economics [J]. Journal of Economic Literature, 1998, 36 (1): 11 - 46.

[16] Robinson. The Economics of Imperfect Competition [M]. Basingstoke: Palgrave MacMillan, 1969.

[17] Say, J. B. A Treatise on Political Economy, or, the Production, Distribution, and Consumption of Wealth [M]. First Published in French in 1803. Translated by C. R. Prinsep. Philadelphia: Grigg & Elliot, 1836.

[18] Smith, A. An Inquiry into the Nature and Causes of the Wealth of Nations [M]. Oxford: Oxford University, 1776: 73 - 74.

[19] Stigler, G. Perfect Competition, Historically Contemplated [J]. Journal of Political Economy, 1957 (65): 1 - 17.

[20] Thaler, R. Toward a Positive Theory of Consumer Choices [J]. Journal of Economic Behavior and Organization, 1980, 1 (1): 39 - 60.

［21］Thaler, R. Mental Accounting and Consumer Choice［J］. Marketing Science, 1985, 4（3）：199－214.

［22］Varian, Hal R. , Choi, H. Predicting the Present with Google Trends［EB/OL］. http：// googleresearch. blogspot. com/2009/04/predicting－present－with－google－trends. html.

［23］范里安（Hal Ronald Varian）. 微观经济学·现代观点（第八版）［M］. 费方域等译. 上海：格致出版社，上海三联书店，上海人民出版社，2011.

［24］俄林著. 区际贸易与国际贸易［M］. 逯宇铎等译. 北京：华夏出版社，2008：8.

［25］马克思. 资本论［M］. 北京：人民出版社，1975：51－54.

［26］马克思，恩格斯. 马克思恩格斯全集（第3卷，第26卷）［M］. 北京：人民出版社，1960.

［27］马克思. 1844年经济学哲学手稿［M］. 北京：人民出版社，2000.

［28］赵儒煜. 产业革命论［M］. 北京：科学出版社，2003.

［29］赵儒煜. 从破坏到共生——东北产业技术体系变革道路研究［M］. 长春：吉林大学出版社，2005.

［30］陈清. 以大数据助力供给侧结构性改革［N］. 光明日报，2016－12－24（7）.

［31］吴志峰，柴彦威，党安荣，等. 地理学碰上"大数据"：热反应与冷思考［J］. 经济地理，2015（12）：2207－2221.